Zero《ゼロ》理論

人生の問題をすべて解決する奇跡の方式

Mido Takenori
御堂剛功

JN014018

青春出版社

はじめに
今までとはまったく違う人生の選択肢が、ここにある

正直に言うで。

いつもニコニコしているあなたも、実は毎日ちょっとだけ、ほんのちょっとだけ〝憂鬱〟を感じて、生きてへんやろか?


たとえば、朝。

電車に乗って、会社や学校に向かう。

天気もよく、いつもより気持ちよく目覚められた。

「さあ、今日も一日頑張っていこう」

そう思いながらスマホでSNSを覗くと、知人や友人の日常が目に入ってくる。

そんなとき、キュッと心が少しだけ痛くなる……そんなこと、ない？　そう、こんな感じで。

「昨日は超絶楽しかった！　この仲間最高！」と満面の笑みで映っている同級生たちの飲み会の投稿が目に入る。ただ、あなたはそこにいない。

――え。俺、呼ばれてない……。やっぱり嫌われているんだ。

「今日からは新天地で、新しい立場の新しい仕事がはじまります。どこにいても自分らしく頑張るぞー」と着実にキャリアアップをはかっている同い年の誰かのキラキラした投稿を見る。

――いいなぁ。いつも素敵な会社で充実した仕事をしていそう。それにひきかえ、私は……。

ネガティブで見た目もよくないから、恋人も友達もいない。いつも自分だけひとりぼっち。

頭も悪いし、要領も悪い。そのせいで仕事もうまくいかず、会社に行くのが毎日つらい。

何をやりたいのか、何がしたいのか。自分で自分がわからないから、将来何をすればいいか、どこに向かって生きればいいのかわからない。

だから日々、目の前の仕事をやりがいもなくこなすだけ。

気を抜くと、俺たちは日常の中の些細な出来事に、自分の劣等感を煽《あお》られ、心を折られる。

「周りの人に比べてネガティブな私。自信なんか持てない」「頑張ってもどうせ無理だし、そもそも向いてない」「目の前のことができていない自分には、きっと何もできない」「自分は何をやってもうまくいかない。仕方ない」

そんな風に、勝手に自分で自分をいましめて、不安や不満や憤りを感じる。

さらに、そんな自分の気持ちを見ないふりをして、無理にプラス思考になろうと頑張ったりする。

そうやって生きるのもいい。

でも、実はあなたには、今までとはまったく違う人生の選択肢があると知ったら、ワクワクしてこないやろか？

あなたがそうして悩んでしまうのは、たったひとつ足りないことがあるから。それだけ。

あなたに足りないのは何か。

それは、ZerO《ゼロ》の視点。

文字通り、「0」の場所に自分を置いて、自分と世界を見つめること。それがあなたに足りていないだけ。いや、それを知らなかっただけ。

裏を返すと、あなたはいつも勝手にどこか片方に偏った思い込みだらけのものの見方、捉え方をしているってことやねん。

だって「あなたは、ネガティブ」って誰が決めた？

「あなたは、自信がない」って他の誰かにいつも言われている？

「あなたは、何をやってもうまくいかない」？　ホンマか？　何をやっても？　絶対うまくいったことあるやろ？　なんで、悪いほうばかり、ていねいに思い出して、大事に大事に拾い出してしまうんやろ？

結論からいうと、人間は誰だって自分のことを、自分が進む道を、自分の性格を本当は「選べる」ねん。ブレない自分軸を持つことでな。

「ネガティブ」って簡単に言うけれど、誰だって暗い部分と明るい部分をあわせ持っている。気持ちは夕焼けのようにグラデーション状に濃淡があるのが普通やんか。ことさら暗い自分を選んでいるのは自分やで。

「自信がない」とか「嫌われている」とかだってそうや。
確かに自信がないときもあるけれど、自信があるときもあるはず。

あなたのことを嫌う人だっているだろう。けれど、みんながみんなほんまにあなたを嫌っているか？　あなたを好きな人もいるだろうし、まだ出会っていない人は好きも嫌いもないはずやろ。なんで「みんな、私を嫌う」っていう思い込みの場所にいきたがるんやろか。

ちゃうねん。
人は誰だってネガティブであってポジティブでもある。
自信がないときもあれば、自信があるときもある。
嫌われているし、好かれている。
その「すべて持っている」自分がどこを見て、どこを選んで生きていくか。見方、

捉え方によって、全然違って見えるで、って話。


そうやって世界を見るには、ＺｅｒＯの視点が欠かせない。

ニュートラルな状態で、すべてを捉えて、つかむための視点。

そんなＺｅｒＯの視点を持っていれば、あとは自分ですべて選べる。

世にはびこる固定観念や、世間の常識なんてものに耳をかさず、自分が本当に幸せだと思える道を、気持ちを、生き方を選べるんだ。


これを実践する方法をまとめたものが「ＺｅｒＯ理論」だ。

そして、そのＺｅｒＯ理論を伝えるのが本書。何を隠そう、俺自身も、ＺｅｒＯ理論で、思い込みの激しいダメな人生から脱却できた。


かつて俺は学歴もない、コネもない、何もないところからはいあがり結果を出したことがある。大企業でトップ営業マンとしていっぱしの成果を上げたんだ。

ところが、トップになった俺は、周囲の目ばかり気にしてしまった。「実績」を上げることばかり考え、自分の弱さを隠したり、虚勢を張って生きたため、人間関係のトラブルに見舞われ、奈落の底に落ちたことがある。そのときの俺は、すべてを周りや環境のせいにしていたし、自分軸を持っているかのように見せかけていた。行き当たりばったりで、その場しのぎで逃げるように生きていたともいえるだろう。

そんな状況を変えたくて、もがきながらさまざまな思考や技法を学ぶ中で、俺はZerO理論のきっかけとなるものに出逢い、この理論を構築できたんや。

そしたら、他の誰かの声だとか、世間体とか、あるいは無理やり自分をふるいたたせるプラス思考などのしがらみから抜け出して、ZerOの場所に自分を置けるようになった。

ZerOの状態から「何をしたいか」「どうなりたいか」、自分を軸にしてものごとを選び、人生を歩けるようにもなった。

奈落の底でもがいていた俺は、もういない。自分軸を持つことができて、かなり楽に生きられるようになったんだ。

そして今は、かつての自分のような悩み多きみんなに、ＺｅｒＯ理論について、そしてその実践方法について、伝えている。

営業の仕事でまったく成果が上げられなくて、悩みに悩んでうつに近い状態になっていたのに、ＺｅｒＯ理論を知って大泣きしながら変わった人がいる。彼女は、今ではその会社の同期の中で一番の昇進を果たしている。

就活でまったくうまくいかなかった……というより、何をしたいのかわからなかった大学生が、俺のセミナーを聞いてから「本当にやりたいことがわかった」と開眼。内定をとるのはもちろん、今は働きながら就活生にアドバイスまでしている。

あるいはＺｅｒＯ理論を手にしたことで、これまで試合で緊張してしまい、ポテンシャルをうまく発揮できなかったのに、今まで以上に安定し、格闘技の世界でチャンピオンになった人、某競技の日本代表に選抜されたアスリートもいる。

断言しよう。

あなたが今抱えるしんどさ、苦しさ、悩みは、ＺｅｒＯの視点で解決できる。この本を読み、最後のページを閉じた頃には、明らかに変われる。

さあ、ＺｅｒＯの視点を手にする、意識を変える旅に出よう。

ZerO理論　人生の問題をすべて解決する奇跡の方式――目次

第1章
人は「思い込みの世界」に生きている

第2章 「感情」とつながると、世界が変わる

第3章 ZerO理論

第4章 ZerO理論を深める6つのストーリー

第5章 「ZerOな自分」で居続けるために

本文デザイン――青木佐和子
取材協力――箱田高樹（カデナクリエイト）
本文イラスト――ナリコウチハラ
本文ＤＴＰ――キャップス
企画協力――糸井浩

第1章

人は「思い込みの世界」に生きている

人生は「思い込み」が9割

突然だけど、まずはひとつ、クイズに答えてほしい。

左に9つの点が並んでいる。
このうちのどこか1つの点からスタートして、4本の直線だけで9つすべての点を〝ひと筆書き〟でつなげることができますかってクイズ。

ちょっと、やってみよう。

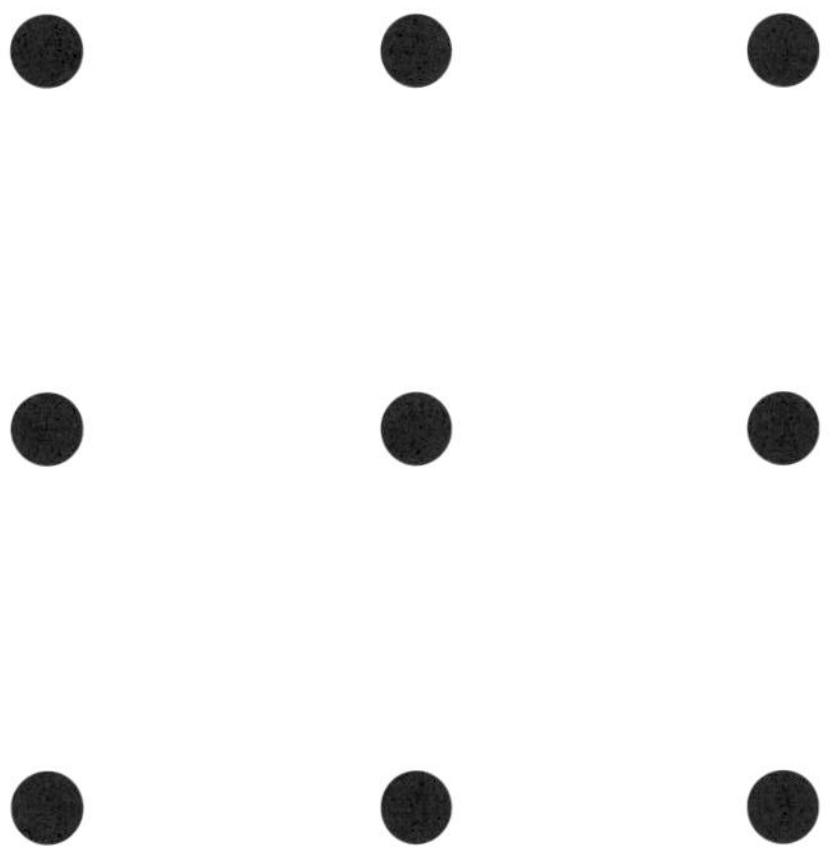

どう？　すんなり書けた？
サクッとできたなら、あなたはすばらしい。天才かも。
できた人も、できひんかった人も、答え合わせをしてみよう。

答え

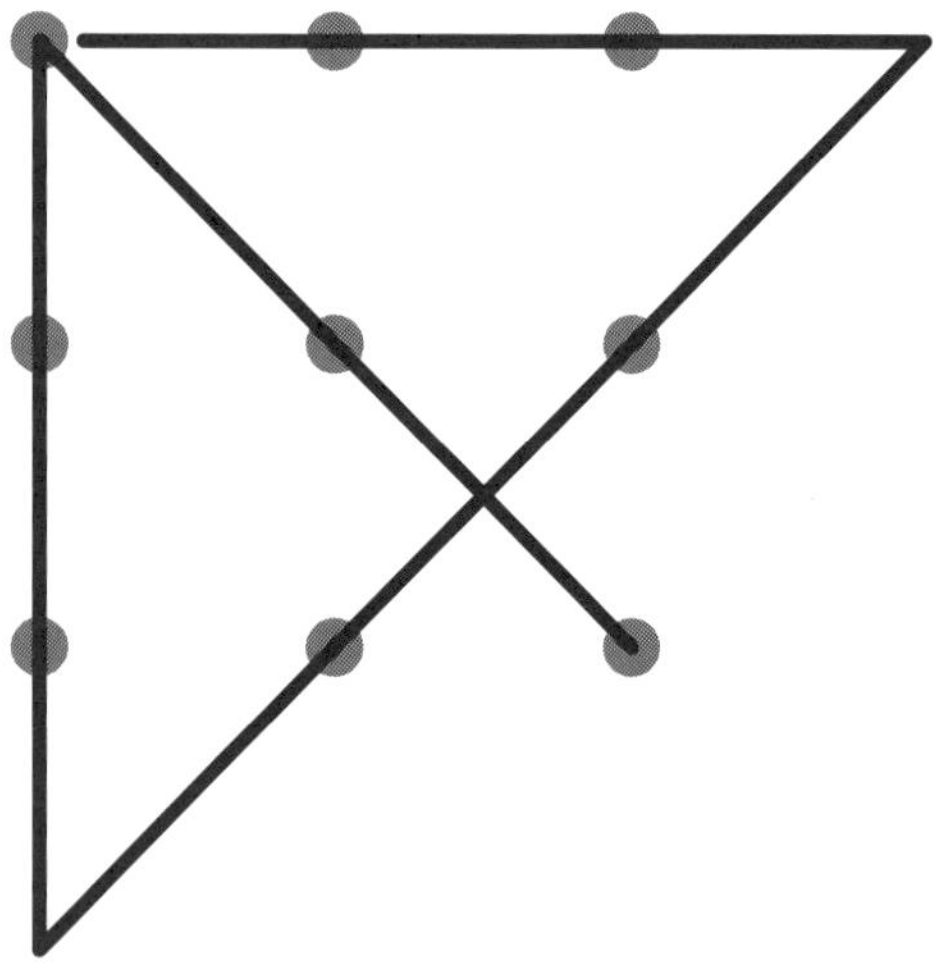

答えを見て、「なにそれ、ズルい！」なんて思ったかもしれない。

「点の外側まで線を引いていいなんて、聞いてない！」

「点がないところで線を折り返したらダメなんじゃないの？」

なるほど。確かにそう思う気持ちはわかる。

けど、思い出してほしい。

俺はそんなルール、ひとことも言っていなかったよな。

「線を引くときは、点の外側に出ないこと」

「点がないところで折り返しちゃダメ」

そんなことはひとことも言ってなかったはずや。

けれど、あなたは勝手にそう思っていた。自分の頭の中でつくりあげた〝思い込み〟〝固定概念〟。そいつにガチガチにアタマを縛りつけられて、クイズの答えを探してしまっていたわけや。

ここで大切なのは、クイズに正解したか、しなかったか、じゃないんよ。**あなたや俺を含めて、たいていの人は、自分の〝思い込み〟〝固定概念〟に縛られて、日々を過ごしてしまっているということやねん。**

「そんなことない。私には思い込みなんかないはず」

反発したい気持ちがあるのも、よくわかる。なら、もうちょっと一緒に考えてみてほしい。

自分の中の思い込みや固定概念で、世の中を見ている。

たとえば、それは次みたいな「実験」でもわかるねん。

1円玉の〝本当の大きさ〟わかりますか？

紙とペンを用意しよう。

まっ白な紙の上に、何も見ずに「1円玉」と「5円玉」と「50円玉」の絵を描いてもらえる？　ちゃんと実際のそれぞれの硬貨の〝大きさ〟を思い出して、実際のものと同じサイズで描くんやで。

簡単やろ？　どれもいつも触っている、よく使っている硬貨やからなぁ。

よし。描けたら財布から「1円玉」「5円玉」「50円玉」を実際に出して、比べてみて。

どう？　**実物のほうが大きくない？**

あなたが描いた硬貨は、どれもちょっと小さめになっているんちゃうかな。とくに注目してほしいのは「1円玉」。たぶん、5円玉や50円玉に比べても、まあまあ小さく描いてると思う。

俺はこの問題をもう数百人、数千人に出してきたけれど、おもしろいんよ。ほとんどの人が、同じことをする。実物を見ないで描くと「1円玉」をことさら小さく描いてしまうねん。

実際の「1円玉」と「5円玉」、そして「50円玉」の直径って、それぞれ2・0㎝、2・2㎝、2・1㎝。実はほとんど変わらないうえに、50円玉より、5円玉のほうが大きいねん。

なのに、なぜ1円玉だけ小さく描いてしまうのか？

それはきっと、あなただけじゃなく、俺たちがどこかで「1円玉は価値が小さいものだ」って思いこんでいるからやねん。

わかる？　最初のクイズと一緒。

日常見慣れている硬貨で、もう数え切れないほど触ってきているはずなのに、頭の中に染みついた固定概念に縛られて、俺たちはものごとを判断している。

勝手に世界を決めつけてしまっているってこと。

「バカにされている」と、
つい思ってしまう理由

人間関係においても、まったく同じことが起こりがち。

誰かが笑ってあなたを見ているとき、人によっては「私のことを笑っている！」と悲しんだり、恐れたりするかもしれない。

ただ、同じ笑っている誰かを見ても「はっは〜ん。笑顔でこっちを見ているってことは、この僕に好意を持っているんやな」とハッピーな気持ちになるやつだっておるよな。

けれど、笑っている相手の思っていることが何かわからなければ、どちらもただの固定概念、受け手の思い込みでつくられた認識でしかないよね。嘲笑なんてしてないかもしれないし、残念ながら好意なんて微塵もないかもしれへん。偶然、昨日見たおもろい動画を思い出してにやけたら、ふとあなたと目があっただけかもしれへんからなぁ。

もう、わかったよな。

仕事の上司、同僚、親、友達、通りすがりの人、相手は誰でも同じ。誰かがこちらを見て笑っていたときに、直接何かを言われたわけでもないのに「バカにされている」「好かれている」などと、勝手に思うこと。多くの人が、自然にやってしまうそのこと自体が、自分で世界を創り上げること、思い込みにハマることなんだ。

思い込みとは、何か特別な信条や概念を指すのではなく、俺たちの中に気づかないほど自然にある。

繰り返しになるけど、「誰かがこちらを向いて笑って話していること」それ自体は、心が沈むようなネガティブな現象ではないよね。

あなた自身が、その現象をどんなものと思い込んでいるか。

その現象自体に本来意味はない。ただ、あなたの心が、その現象をどう捉えているかでしかないということ。

もしかしたらあなたは、過去に大勢の前で辱《はずかし》めを受け笑われた、大変な思いをしたことがあるのかもしれない。

過去のこうした経験から、ただの「現象」に対して「嫌やな」「憂鬱やな」と自分の中でレッテルを貼ってしまっているんじゃないかな。

誰かがこちらを見て笑っている様子を自分の心が無意識に「否定されている、バカにされている」と解釈し、どうも心が重くなる。

これって変よな？　ただの思い込み、なのに。


こうした思い込みで、自分の感情を勝手に縛ってしまうことを「メンタルブロック」というんだ。


こういうときは瞬時に、どよーんと落ち込んで、心も体も重く感じる。

最初に出した問題でも同じじゃ。

点を結んでひと筆書きをせよ、という問題文だから、点の外側から出ずに答えを考えるべきだ。

誰かが自分を見て笑っている。バカにされているに違いない。

上司がこんな態度をとる。嫌われているに違いない。

こうして、勝手に自分の中でつくったルールを発動させて、律儀に考えて、本質に至らなくなる。

繰り返そう。

あなたも俺も、人間はすべて〝思い込み〟つまり、〝自分の創造し選択した世界〟の中で生きているんだ。

言い換えるなら、世の中は、それぞれの人間の数だけ、それぞれの世界が存在するということ。

いいか？　すべてのことにおいて、**「それはあなたの心が、その現象をどう捉えているかでしかない」**ということを覚えておいてほしい。

Zer《ゼ》O《ロ》理論は、ここからはじまるんだ。

うまくいかないのは、ZerO理論を知らないから

俺は今、3つの顔を持って仕事をしている。


1つ目は、急成長しているIT企業のCHOとしての顔だ。

CHOってなんだろうと思った人もいるかもしれないな。

俺がやっているCHOとは、チーフ・ハピネス・オフィサー（Chief Happiness Officer）の略。企業に所属する従業員の「幸せ」をマネジメントする専門職のことを指す。

具体的には、個別セッションを通して、社員それぞれの悩みや課題を聞き、その解決策を一緒に模索したり、社内の環境改善のために社員同士のミーティングを催

したり。

社員の幸福度の向上・改善を通して、会社全体の成長に貢献するのが使命や。

実は、Google など欧米の企業では、2年以上前から「顧客満足度を上げるには、社員の幸福度を上げることが重要」という考えが取り入れられていて、CHOがいる企業が少なくないんやで。

今後は、日本でもこの役職に携わる人が増えていくと思う。


2つ目の顔は「講師」だ。

北は北海道から南は沖縄まで。小学生、社会人、大学生と、さまざまな年代の人を対象に「自分軸のつくり方」「仕事への向き合い方」「成長のための思考法」「転職・就職のために必要なこと」など、人生をよりよく生きるためのヒントを伝えている。

講演、研修などの回数は、年間200回以上。

個別でのセッション（コーチング・カウンセリング）もやっているから、ほぼ毎日、誰かと話していることになる。

講演では、ありがたいことにほぼ毎回、聞き手の誰かが涙している。号泣率100％の講演なんて、話題になったこともある。琴線にふれる講演ができていることがうれしく、意義と責任を日々感じている。

そして、3つ目の顔がアスリートを対象にした「メンタルバランストレーナー」や。

野球、サッカー、ラグビー、ゴルフ、ボクシング、新体操、競泳、柔道、空手、eスポーツ……。さまざまなアスリートとセッションを行い、試合や練習の中で生まれる「思い込み」をクリアにして、ブレないメンタルをつくるサポートをするのが、仕事。選手の心のバランスをとるという意味合いもあって、メンタルバランストレーナーなんや。

個人だけではなく、チームに帯同して、メンタルサポートをすることもある。

この3つのどの顔においても、俺は同じことを話し、教えている。
それが、今あなたに伝えている**ZerO理論**だ。

就職活動をしている学生たち、仕事や将来の夢に悩んでいる人たち、あるいはストイックに技を磨き上げて、厳しい競争の世界に身を置くアスリートたち……。多くの人が、ZerO理論を知らないからこそ、それぞれ悩みを抱いて苦しんでいた。

悩みはさまざまなんだけど、実はその根っこにあるものは同じ。
根っこには、何があると思う?

根っこにあるのは、ここまで話してきたことだ。

〝思い込みに縛られた世界〟を自分でつくり出し、自分で選んだ世界から抜け出せなくなるということが、どんな悩みの根っこにもあったんや。

落とし穴は、自分の中にある

俺は仕事柄、新卒採用の面接試験、あるいは就職セミナーに来てくれる学生たちともよく話をする。

彼らは、たいてい自分の性格をうまく話せるようになっている。

「私はポジティブな人間です！　だから、どんな難題にぶつかっても持ち前の明るさとプラス思考で乗り切っていく自信があります!!」

たとえばこうした、自分の長所をうまく活かして、軽快に語ってくれる学生が多いんやけど、**実は、ここに、落とし穴があるねん。**

「ポジティブな人間です！」とアピールしながら、採用面接に何度も落ちるようなことがあると、その学生は「あなたはこの社会で、いらない人間だ」と自分を否定された気分になってくる。

しかし、自らを「ポジティブだ！」と公言するような人が「自分を否定されて落ち込む」わけにいかへんよな。

「大丈夫、大丈夫！　私はポジティブだから！」と、意識せずとも自分の心に自分でムチを打ってしまう。しかし、目の前の状況が変わらなければ、ますます自分を強く否定されている気がする。

人知れず傷ついた心に、さらにムチを打つ。

ただ心はそれほど強いものではない。

いつしか、心はポッキリと折れ、ポジティブだったはずの自分は消え去り、すべてのやる気をなくしてしまうことが多い。

シンプルな話だ。**「自分は○○だから」と特徴やキャラクターを1つに絞り込んでいると、何かあったとき、すぐ詰んでしまう。**

メンタルをやられて学校や会社に突然行けなくなる人、いるよな？

いじめにあった。成績や業績が落ちた。あるいは、その他のいろんな理由から「行けなくなる」わけだ。

ただ、心を病んで学校や会社に行けなくなる人の多くはスタートラインに強い「思い込み」があったりする。

「頑張っていい成績を残すぞ！」

「周囲と仲良くするんだ！」

そうした強い思い込み、そして自分はそれを実現できる人間なんだという理想の自分を強く持っている人ほど、ふとした瞬間に心折れてふさぎこんでしまう。

自分の理想とあまりにもかけ離れた現実に立ち直れなくなるからだ。

アスリートだって同じだ。

「絶対勝ちたい」から、不安をないものにして、それを消そうとする。そうして、マウンドやリングに立つ選手ほど、大事な場面で緊張してポテンシャルを発揮できないことがある。

突然、ミスばかりする〝イップス〟という現象に陥ったりするんだ。

- **私はポジティブだ。↓ネガティブな感情があってはいけない。**
- **僕は人とは比べない。↓人と比べてはいけない。**
- **自分は優秀だ。↓成績を下げてはならない。**
- **私は周囲と仲良くできるタイプだ。↓周囲に嫌われてはならない。**

こんなふうに「自分は〇〇だから」というひとつの思い込みに縛られている人は、同時にその真逆の状況に強い恐怖心を持っている。思い込みが強ければ強いほど、その恐怖心も強くなる。

だからこそ、実際に真逆の状況に追い込まれたとき、その事態と心の動揺を受け入れられず、ないものにしようとして、結果として心身を痛めつけてしまうんだ。

やたら自信を持って言えるのは、理由がある。

何を隠そう、俺自身がそうだったからや。

どん底を経験し、やっとたどり着けた奇跡の方式

「自分はこうだから」という思い込みは、俺自身にもあった。

さっき「俺は、3つの顔を持って仕事をしている」と言ったよね。その前には企業で営業をしていたこともあったんだ。

そもそも俺はずっとバンドを組んで音楽活動をしていたんだけど、鳴かず飛ばず。音楽を諦めて入った会社がソフトバンクだった。

「ソフトバンクって、どんな銀行やろ?」

バンクって名前がついているから、銀行だと思ってた。なかなかやろ（笑）。

ＩＴ系企業に入るやつが、パソコンをシャットダウンする方法すら知らなかったからね。

一方で、ずっとバンドでボーカルもしていたし、根っからの関西人で、人前で臆することなく話すのは自信があった。おしゃべりを使って、すぐに人と仲良くなれるという特技もあった。だから、営業トークなら誰にも負ける気がしなかった。

周りは有名大学を出た学歴のあるやつばかり。学のない自分はなおさら「負けてたまるか」って気持ちをバネに頑張った。

仲間に恵まれていたっていうのもある。周囲の助けもあって、プレイングマネージャーとして、エリアを任されるようにまでなった。がむしゃらに頑張って、担当した各エリアすべてでなにかしら実績を上げた。

結果、入社半年で全国トップともいえる成績を残せたんだ。

完全に天狗になったよね。

給料はおもしろいほどアップして、入社3年目で倍以上になった。全国に何人もいる営業マンの中から選ばれて、孫（正義）さんの特別プロジェクトに参画する光栄にも恵まれた。

この頃から「ソフトバンクのトップ営業マンの話が聞きたい」と雑誌などから取材依頼が殺到するようになった。「ぜひコミュニケーションのコツを話してほしい」と講演の依頼もたくさんきた。

地位と名声、年収こそが当時の俺のアイデンティティだったんや。実際それらを満たしはじめたことを感じていた。

「俺はデキる」。自分で自分をそう思えるようになっていた。

ところが、「デキるはずの俺」なのに、少しずつ歯車が狂いはじめたんや。

まず起きたのは社内の人間とのすれ違い。

くわしくは書かないが、すれ違いは摩擦になり、次第に「なんかうまくいかん」という状態に陥っていった。そして気がつけば、ソフトバンクを出ていくことになっていたんだ。

ソフトバンク退社後も、ありがたいことにさまざまな企業で仕事をした。もちろん実績は出せたと思う。

しかし、必ずどこかで墓穴を掘った。

相変わらず地位と名声、年収こそが俺の在り方、そして人生の成功だと思い込んでいたからね。いつでもそれらを追い求め、またその3つを持ち得ている男だと思われたいと願った。完璧な人間だと周りに思われること、周りからの評価が大事で、それに見合う自分を演じていたんやな。

その結果、不本意なかたちで、誰かを傷つけ、恨みを買った。同じようなトラブルが時を変え、人を変えて何度も起きた。

「なんでいつもこんな苦しい思いをせなあかんねん？」って気持ちがどこかにあった。

今ならわかるけどその当時の俺は、外側からどう評価されるのかばかり気にして、自分の内側（心）に意識を向けず、自分自身の舵取りが全然できていなかったんや。

アイデンティティだと強く思っていた「俺はデキる男だ」って思い込みそのものが、俺の足を引っ張っていた。

だから失敗したんだろう。でも当時は解決策が見つからずお手上げだった。どん底の中で、なんとかしようともがいた。読める本は片っ端から読んだし、会える人にはできるだけ会って、状況を変える方法を模索した。勉強会なんかにもいろいろいったな。そんな無我夢中の学びの中で、試行錯誤しながら確立したのが、ZerO理論やったんや。

あなたは、すでにすべてを持っている

「そもそも、ZerO理論って何?」

そう思っている人がほとんどだろう。

まず、知ってほしいこと。それは、**ZerO理論を知った人は、必ず「変われ**

る」ってこと。

今の仕事で成果が出せない人、仕事がつまらない人。
そんなふうに著しくやる気を落としていた人が、ＺｅｒＯ理論を知ってから、目を輝かせて仕事に打ち込めるようになり、成績を上げたなんて例は枚挙にいとまがない。「仕事が楽しくなった」という声もよく聞く。

あるいは、人間関係の悩み。
友達が少ない。家族や恋人とうまくいってない。そうした悩みを抱いている人は多いはずだ。ところが、ＺｅｒＯ理論を知り、考え方のベースとなる物事の捉え方を意識し実践しはじめると、それも変わる。会話がはずみ、人とコミュニケーションをとるのが楽しくなる。家族や恋人との関係性もガラリと変わることが、当たり前にある。

なぜか？
それは**ＺｅｒＯ理論がブレない自分軸をつくるための理論であるからだ。**

自分軸と仕事や人間関係になんのつながりがあるの？　って思う人もいるかもな。
順を追って少しずつ説明するな。

まずやるべきこと、それは「片側だけの自分を自分のすべて」だと思っていることから、一旦離れること。

本当のあなた、本当の自分は、〇〇な自分だというたったひとつじゃないはずだ。
自信がある自分も、自信がない自分も、周りをまったく気にしない自分も、ものすごく周りが気になる自分も、すべてがあなたなんだ。そして、その中から選択するねん。

「僕はポジティブ人間だ」と思っている人は「ネガティブ人間」でもある。
「コツコツとやりとげる」あなたは、「突然思い切った決断をする」あなたでもある。
「自信がある自分」もいれば「自信がない自分」も存在している。
思い当たる節はあるが、なかなか認め難く感じているんちゃうかな？

一緒にイメージをしてみてほしい。
アップルコンピュータのロゴといえば、何を思い浮かべる？
リンゴだ、誰でもわかるわな。それもただのリンゴではない。
そう。「欠けたリンゴ」だ。

ではなぜあなたは、アップルのロゴを見ただけでそのリンゴが欠けていることに気づけたんやろか？

そもそも完全体のリンゴを知っているからこそ、それが欠けているとわかったんだよな。

同じように**「自信がない自分」を自覚できるのは、「自信がある自分」をすでに認識している自分がいるからだ。**

つまり、自信がないと思うということは、自信がある自分とない自分を比較したり、分けたり、それによって判断しているということだ。

「片方の自分」を自覚できるのは、「もう片方の自分」がすでに在ることを無意識で知っているからじゃないだろうか。

ようするに、俺もあなたも、彼も彼女も。何か片方の側面しか持っていないのではない。

もうすでに俺たちは「すべて持っている」。すべて在るんだ。

それなのに、自分で勝手に思い込んだ、すべての中のほんの一部、あるいは両方あるのに片側だけを見ている。

「自分にはそれしかない」と思い込んで、無意識に「それ」を選んでいる。これがトリックなんだよな。

仕事や勉強で成果を出せないあなたの中には、成果を出せるあなたがいる。コミュ障だと思っているあなたの中に、コミュニケーションに長けたあなたは必ずいる。

繰り返すな?

俺たちは、最初からすべて「持っている」「在る」んだよ。

本当の自分をわかっていますか？

「なるほど。片側の自分だけを見るのではなく、さまざまな自分の中から、自分を選択しながら生きていくのか」

そう思ったあなたは、自問自答しはじめているんじゃないだろうか。

「じゃあ本当の自分って、なんだろう？」って。

就活のときに、もう100％誰もが経験すると思う。18歳、あるいは21歳を過ぎたあたりに、はじめて「自分はどんな人間なんだろう」と自己分析をする。

このときも「自分なんてようわからへん」と感じる人がほとんどなんだ。そこでどうするか。

あなたならどうする？　もしくは、どうしてた？

そう。たいてい「周りに聞いてみる」んだよな。

就活の世界でも自己分析ならぬ「他己分析」なんていわれて、当たり前にやらされる決まりきったスキームがある。試しにぜひ、やってみてほしい。周囲のAちゃん、Bくん、Cさん、Dさん、それぞれに聞いてみるんや。「僕（私）って、どんな人間だと思う？」と。

するとこんな風に答えが返ってくるはずだ。

Aちゃん「ひとことで言うと明るくて元気だよね。むかしっから」

Bくん「よく気が利くタイプだなぁって、いつも思っていたよ」

Cさん「じゃあ、ホンネで言わせてもらっていいかな。出会ったときから、サイテ

Iで終わっているなと思っていたよ（笑）」

Dさん「じゃ俺も正直に言わせてもらうね。ブサイクだなぁってたまに思う（笑）」

さて、ここからだ。

じゃあ、4人の他己分析を聞いて、あなたはこう思う？

「なるほど。やっぱり僕は、明るくて元気で、周囲に対して気の利くタイプで、サイテーでブサイクなやつなんだよな」

思わないよね。

誰かに「君はこんなタイプだ」「こんな性格だ」と評されたところで、結局、それを選ぶのは自分でしかない。他人の声を聞いたところで、本当の自分なんて決して見えてこない。
結局は、自分にとって都合のいい選択をする助けにしかならない。
では、どうすればいいか?
いよいよＺｅｒＯ理論に、少しずつ迫っていこうか。

9割の人が知らない「世の中の真理」

ＺｅｒＯ理論は大きく3つの考え方で構成されている。
そのうちの1つを、まずここで覚えてほしい。
「相対・表裏一体」だ。

相対とは、向かい合った2つの対立する概念、あるいはその関係性のことを指す。

なんていうと、ちょっと難しく聞こえるやろ（笑）。

実は簡単なんだ。**世の中のあらゆることは「2つに分かれているよね」って話。**


たとえば、人間には必ず「親」と「子」がいる。

たとえば、一日には必ず「午前」と「午後」がある。

すべてにおいて、ものごとは2つの相対する概念からできているんだ。

「男」と「女」。

「成功」と「失敗」。

「ポジティブ」と「ネガティブ」。

他にもたくさんあるよな。


小学校低学年くらいから学ぶ、反対ことば。対義語と同じだ。

すべてのものごとは相対する2つの意味をもって、在る。
そしてこれら2つの相対は、片方が在るからもう片方が存在できている。

たとえば無人島に生まれて、今までずっと自分ひとりで生きていたら、男・女、長所・短所、善い人・悪い人を区別できるかな。

なぜ俺たちが男を「男」と認識できるのか？
それは対となる「女」がいるからだ。
善と悪だって、そう。「お前、善いやつだな」と言えるのは、「悪いやつ」を知っているから。

表と裏は、もっとわかりやすいよね。
紙幣や硬貨。あれは片方を「表」と決めた時点で、その反対側の面が自然と「裏」になる。

まあ、他の相対も一緒だ。「よっしゃ！ 成功した！」。そう言えるのは、反対側に「失敗」があるのを知っているから。

相対を理解してくれたうえで、次にＺｅｒＯ理論にはずせない考え方を伝えたい。

「表裏一体」だ。

先にあげた相対の関係にある2つのもの。**これらすべては、表と裏のように密接で切っても切れない、離れられない関係で存在するんだ。**

ちょうど表と裏で伝えたので、先に例に出した硬貨。

５００円玉を思い出してほしい。５００円玉は「５００」と書いてあるほうが、裏面だ。この５００円玉の裏面、それが表面よりずっと大きい、あるいはちょっと小さい、なんてことがありえるだろうか？

ありえないよね。

表と裏は必ず同じ大きさ、表裏一体であるからだ。500円玉の表面の直径は、2・65㎝。もちろん、裏面の直径も、2・65㎝なのだ。また厚さは約0・18㎝。この表面と裏面を半分で割ったとしても厚さ約0・09㎝ずつの表面と裏面に必ずなる。

表裏一体はすべてにあてはまる。
強い光と同じくらい、強い影がある。
誰かにとっての正義は、誰かにとっての悪である。
成功の陰には、同じくらいの失敗がある。

強調したいのは「表と裏はつながっている」ということだ。
表裏〝一体〟とあるように、表と裏はつらなったひとつなのだ。切っても切れない離れられないものなんだ。

満たしたいのは、外側の世界？内側の世界？

相対・表裏一体。心の世界にも同じことがいえる。

不安だけしかない人間なんて、いない。あなたが「不安」を抱いているならば、その裏には間違いなく自分に「期待」しているあなたが隠れている。

「いや、まあ、多少期待はしているけれど、もう、そんな期待なんて、ほんの20％くらいですよ」なんて思うかもしれない。実はこれは期待をする「頻度」であって比率ではない。

言ったはずだ。表と裏は必ず同じ大きさなのだ。

不安が80％あるとしたら、期待も80％、あなたの中にある。

長所と短所も表裏一体なんだ。

「何事も諦めない継続力がある」。そんなところを持つ人は、同じくらいの短所を持っている。「しつこくて諦めが悪い人」といえるかもしれないね。

これは単なるイメージの話ではない。サイエンスの話だ。

棒磁石には必ずN極とS極がある。おもしろいのは、この棒磁石をちょうどN極とS極の間で、切り分けたらどうなるかだ。

知っているだろうか？

半分に割って、２本になった棒磁石は、またそれぞれN極とS極をあわせもつ棒磁石になる。**「相対」と「表裏一体」の秩序を保とうとするんだ。**そう。サイエンスであり、真理やねん。

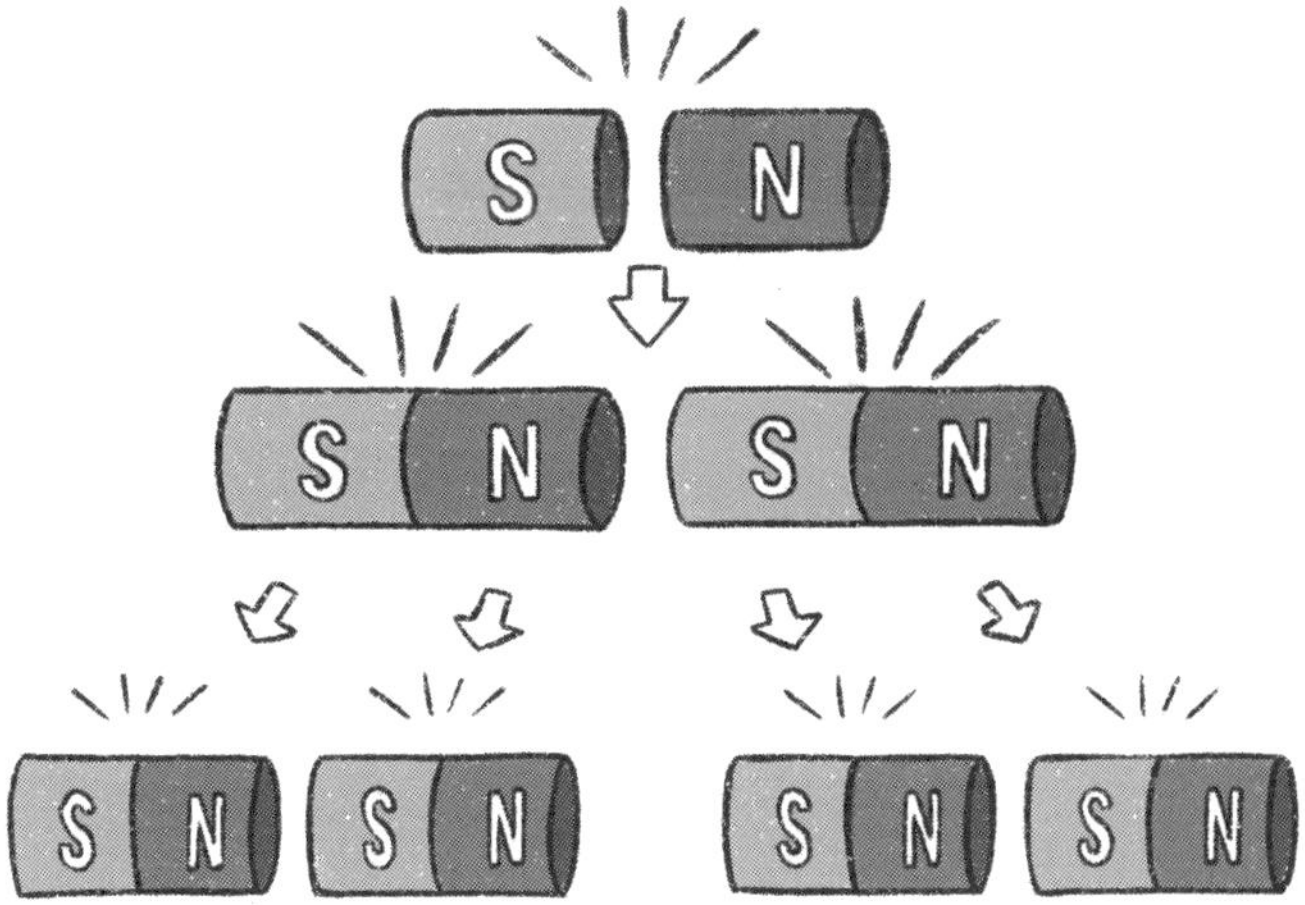

磁石は割っても、S極とN極をあわせもちつづける

ようするに、だ。

「私は自信がない」「期待でいっぱい」「もう短所ばっかりでどうしようもない」そんな風に、片方だけの思い込みで自分を認識しているのは、大間違いでしかないのは、もう理解できたと思う。

自信がないあなたの中には、同じくらい自信があるあなたもいる。

あなたの何事も諦めない継続力という長所は、同じくらいの大きさで、あなたの短所でもある。

自己否定し諦めているあなたには、自己肯定し挑戦できるところも必ずあるんだ。

さあ、これからZerO理論の核心を伝えていきたい。

前提として、まず**「目に見える世界と心の世界が2つ同時に存在している」**ってことを押さえておいてほしい。

目に見える世界ってのは、外側の世界のこと。あなたの目の前で起こるあらゆる事象や、人の振る舞い、言動なんかを指す。

心の世界とは、内側の世界。それぞれの人の心にうごめく感情や葛藤といった、見えないけれど、確実に誰しもが感じていることだ。

俺たち人間は、この目に見える世界と内側の世界を同時に持っているし、お互いに関連しあっている。ただ勘違いしがちなのは、関連しあってはいるけれど、誰かの目の前の行動を、そのままその人の内側の世界だと思い込むと、見誤るってことやねん。

はたからは「めっちゃ怒って見える」人が、実は心の中で「めっちゃ悲しんでいる」、なんてことは大いにありえる。「なんだかさびそうな話し方だな……」と思って、励まそうと近寄ったら「その人がおどろくほど充実した毎日を過ごしていること」だって、あるあるや。

それはまた自分以外の誰かに対してだけじゃない。

あなた自身が、目に見える外側の世界と、心の内側の世界がかみあっていない、なんてことが多々あるんだ。

たとえば、あなたがすごくポジティブな言動ばかりしていたとする。

でも心の内側で「ネガティブになる自分は嫌だから、ポジティブでいたい！」なんて思いで、ポジティブなことばかり話し、行動しているとしたら、それって本当にポジティブといえるんかな？

内側の心にあるもの、ポジティブ行動の動機の部分は、めっちゃ「ネガティブ」だ。

ネガティブを嫌って頑張ってポジティブに振る舞っているということは、心の中はポジティブじゃない。ネガティブが心の中の多くを占めているから、ポジティブに行動しているということやろ。

目に見える世界と、心の世界は違っているかもしれない。

いや、違っていることのほうが多いんだ。

あなたは「自信がない自分」を選んでいるだけなんだ

俺はアスリートのメンタルバランストレーナーをしている。

彼らは、試合当日まで心身を削るように鍛え上げ、ギリギリの状態にまで追い込んでいく。ただ、このとき、気をつけなあかんことがある。

「これだけやってきたんだ。自分にはめちゃくちゃ自信と期待しかない！」なんて言い切るアスリートは、ときとして危ない。

自信だけしかない人間なんて、いない。

それなのに、自信と期待だけでパンパンになったアスリートなんて、完全に「自分の片側しか見ていない」って証拠だからね。


だから、本当に強いアスリートは試合前日にこう言うんだ。

「めちゃくちゃ自信もあるし、同じくらい不安もあります」

強い自信があるその裏側に、強い不安があることを包み隠さず認め、自分と向き合い理解している。だからこそ、強い。あとは、日々自身に嘘偽りなく向き合ってきたからこそ、真の自信が得られるともいえる。


片側の絶対的な自信を持っている自分がいる。

もう片側には、恐ろしいほどの不安を抱えている自分がいる。

両方の自分が同じくらいの強さでいる。

すると、自分の本来の状態は、自信と不安の真ん中にある。

ちょうど目盛りで言ったら「ZerO」の状態。

ZerOだから、自分でどちらかを選べる。

自信を持った自分で戦うか、不安を抱えた自分に偏るか。フラットでニュートラルな場所に立っているからこそ、それが選べるんだ。

ZerO理論とはそういうことだ。

本当の自分は、片側ひとつではない。**本当の自分は、すでにあなたの中にある。**

いくつもの選択肢から、何を選ぶかやねん。

自分に自信がない？　自分には短所ばかり？

それは自信がないのでも、短所でもなんでもない。

ただ、あなたが、それを選んでいるだけ。

心の世界はすべて「相対・表裏一体」で成り立っている。表があれば裏があり、不安があれば期待がある。それはどちらも同じ大きさで、しかも切っても切れない関係で、同時に存在するんだ。

けれど、俺たちはどうも、それを勘違いしがち。硬貨の表面を見ている限り、裏面は絶対に見えないから。それと同じ理由で、人の脳は、自分の片側しか認識できないし感じられない。同時に両極を感じられないようになっているからやねん。

だから「自分はスーパーポジティブ。落ち込むことなんてない。ネガティブな要素なんて見当たらない」なんて思い込みたいし、思い込んでしまう。

そして、うまくいかなかったとき、多くの人は本来在るものをなかったものにする「克服行動」か、我慢して諦めてしまう「逃避行動」のどちらかを選択してしまう。

実は壁にぶち当たったときに選べるのは、克服行動と逃避行動だけやない。その新しい選択肢を選べるようになるのが、ＺｅｒＯ理論。

まったく新しい世界が創造できる自分軸のつくり方だ。これができると、本当の自分として生きられるようになる。


しつこいようだが、感情はどちらの面もあって相互的に作用している。しかしどちらか片側にハマっていると両極にある感情を捉えることができない。

だからどちらでもないニュートラルなＺｅｒＯの「視座」。つまり、ものごとを見る視点。

片方だけに振り切ることはない。偏らない。

ちょうどその真ん中に自分を置いて、視座を高めて、そのときどきで自分の心地いい、ワクワクするものを選べばいい。

そう、選ぶのは必ず自分。

視座を高めよう。

自分の片方だけ見てはダメだ。もっと上に、上に視座を上げていこう。必ず、あなたには両方がある。あらゆる可能性がある。そのすべてが見渡せる高さまで。

そうなれば、逃避するか克服するかしかないと思っていた人生に、もっと別の選択肢が見出せるようになる。

選択肢が増えるということは、今よりずっと自由になれるってことだ。

本来の自分が、本当の自分が、進みたかった人生を自ら選んで自由に進めるようになる。

Zer0地点に立てたなら、なんだってなりたい自分を選べるんだ。

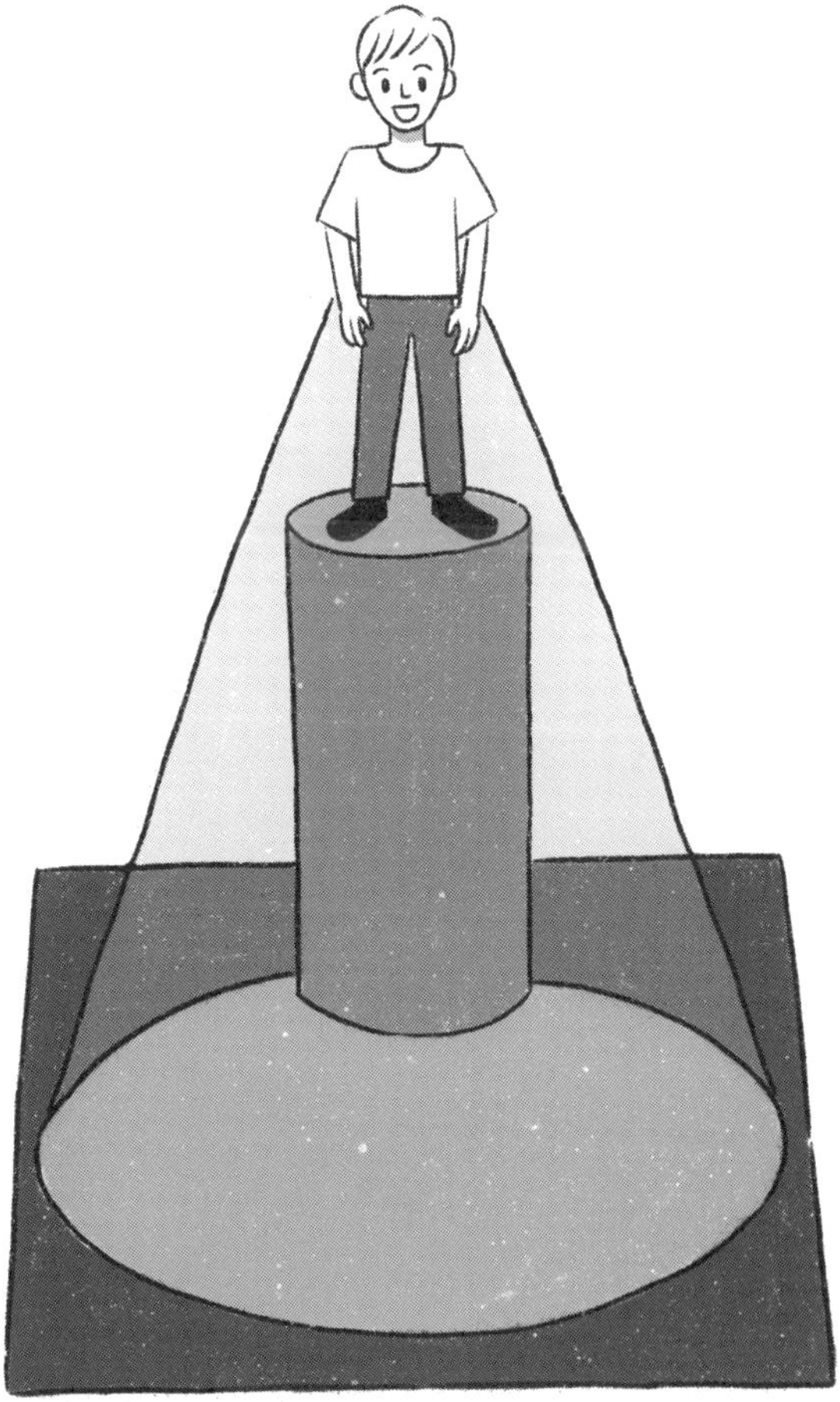

視座を上に高めれば、見える世界も選択肢も増える

第2章

「感情」とつながると、世界が変わる

なぜ「すべて持っている」のに、うまくいかないのか

人は、すでに「すべてを持っている」。


ポジティブな人間は、同じくらいのネガティブを持っている。

コツコツと地道に積み上げるのが得意な人も、突然、驚くような挑戦をすることってあるよね。

「めっちゃ自分に自信を持てないんです」ってよく言っている人が、あるとき「自信に満ちあふれている自分」になることはよくある。

「空気を読みすぎる」なんてあなたは、本当は「空気を読まない」自分がどこかにいることをうすうす感づいているんちゃうかな。

だから、**ちょうど真ん中の「ZerO」の地点にまず心を置く。**

そのうえで、選択すればいい――。


前章では、そんなZerO理論の3つの考え方のうちの1つ、「相対・表裏一体」を説明してきた。

そこまでは理解してもらえたと思う。

ただ、それだけだとやはりモヤモヤが残るよね？


あなたはすでにすべてを持っていて「ポジティブ・ネガティブ」「明るい・暗い」「慎重・大胆」のどんなキャラクターだって、本当は自分で選べる。

だけど、その選ぶことができるってことにピンときてない。気づいてない。


なぜか？

ほとんどの人が、自分の感情とつながっているようでつながっていないからだ。

「感情とつながってない？　どうして、私自身の感情なのに？」

そんな風に戸惑っているかもしれへんよな。

けれど、自分と自分の感情がつながっている人はほんまに少ない。

ＺｅｒＯ理論を実践するためには、感情とつながることが大事やから、しっかりここで押さえておこう。

そもそも感情とつながるってなんなのか。

つながるとどんなことが起きるのか、順を追って話していこうか。

「本当にやりたいこと」は、この質問で見えてくる

就活生向けのセミナーで、これまで何万人という学生たちの話を聞いてきた身として、実感していることがある。

「やりたいこと」「したいこと」が見えてない人が本当に多い。就活生の8〜9割は、やりたいことが見えてない。

学生だけちゃうで。社会人にしたって、「本当にやりたいこと？　わかりませんね」って人間ばかりだ。

けれど、就活セミナーみたいなものは「やりたいこと、したいことを見つけなさい！」なんてしつこく言われる。エージェントのセミナーや講習会だってそう。

「本当にやりたいことは何か？　まずそれを明確にしましょう」なんて問われる。仕事を探す段階、もしくは仕事を通して、はじめてここに向き合わなきゃいけなくなる人がほとんどじゃないだろうか。

でも、それが見つからないからセミナーに参加しているんだよな。
何か見つけようと思って、転職しようとしているんちゃうかな。
だから、また悩んで別のセミナーとか研修に参加する。藁にもすがるような気持ちで話を聞きに行く。

そうすると、今度はこう言われたりする。

「夢、目標、ビジョンを見つけましょう！」

いや、同じやん！

こうした自分のやりたいこと、したいことが定まらないから、就活や転職で悩む。
自分のしたいこと、なりたい自分をどう見つけだせばいいんだろう？
これこそ、人に聞いても出てこない。
どうすれば、やりたいこと、したいことが見えてくるのか。
実はひとつマジックワードがある。俺が就活セミナーなどで必ずする質問があるねん。
それが**「幸せになりたくない人、おる？」**や。

感情を大事にしないと、幸せは見えてこない

「この中で、幸せになりたくない人おる？　いたら手を上げてくれるか」

「やりたいことが見つからない」「どうなりたいのかわからない」そんな人が集まる就活セミナーの会場、あるいは企業の研修や講演会でも、毎回、俺はこの質問をする。

すると、誰も手を上げへんねん。

「そんな人、いないですよ」

「幸せになりたくない？　まさか、そんなわけないでしょ」

なんてあきれ顔になる人すらいる。だから続けて、こう言うんだ。

「じゃあもうすでに〃ある〃やん!!　誰も手を上げなかったってことは、ここにいる全員が『幸せになりたくない人ではない』んだよね。つまり『自分にとっての幸せがすでにある』ってことだよね？　じゃあ聞くな。**『あなたにとっての幸せとはなんですか？』**」

ここでみんな「ざわっ」となる。

やりたいことが見つからない。何をしたいかわからない――。

そう言っていたはずの自分なのに「幸せになりたくないわけではない」という意思、つまり「幸せになりたい」って意思はある。

「もうすでに〝ある〟ってことやんか」と指摘される。

自分の言葉で、自分の中に、幸せが〝ある〟って、気づかされた。

そして、自分の中に「幸せになりたい意思」があるのもわかった。

それなのに、「自分にとっての幸せって何?」と聞かれたら、即答できない。頭を抱える。「私にとっての幸せって?」と、自問自答するわけや。

おかしい。なんやろ。試しにしてみてや。自分の名前とともにこんな検索を。

［御堂　10年後　幸せ］

「あなたの幸せはこうです」なんて検索結果がヒットしたら、怖いよね。だから俺は続けてこう言うんや。

「自分にとっての幸せはインターネットで探しても見つからない。自分自身の中から探すしかないねん」

それはそうだよね。スマホを手にとって、グーグルで検索したってヒットしない。すると、こんな人が現れる。

「私の幸せは、自分がかかわる周囲の人たちみんなが笑顔になることです。それが私にとっての幸せです」

すばらしい！　最高やん！　と、10年前の俺なら、手放しで褒めていただろう。

けれど、今ならこう言う。


「ほんまかいな!?」


メンタルバランストレーナーをはじめてから、あきらかに変わったところだ。

「自分がかかわる周囲の人が幸せ」って、その状態が幸せなのではなく、それは幸せの〝条件〟なんだ。

自分がかかわる周囲の人が幸せになったとき、自分の内側（心）はどうなっている？　どんな過ごし方をしているのかっていう話やねん。

たとえば、私がかかわる人たちみんなが笑顔だったとしよう。だけど自分は、常に人の顔色を伺いながら言いたいことも言えず、モヤモヤ・モンモンとしている状態。

たとえ、目の前の人が幸せそうに笑っていたとしても、**それであなたは幸せですか？**

別の例、あげよか。

「不動産業界に入って、営業職としてバリバリ活躍したいです！」
「僕は20代で1000万円プレイヤーになりたい」

こうした強い「やりたい」「したい」気持ちを持って、不動産会社に入ったとする。営業の第一線に配属されて、順風満帆だ。

しかし、実のところ、騙すように問題物件を売らなければならず、いつも後ろめたさを感じていたとする。

社内もギスギスとしていて、同僚たちもいつも誰かの足を引っ張ることしか考えていない。

友人や家族からは「顔つきが変わった」「人相が悪くなった」と指摘されるようになった。

やりたい業界で、したい仕事ができている。思い通りで夢叶えているやん？

さて、あなたは「幸せ」だろうか？

きっと幸せ、ちゃうよな。

最初の例。「自分がかかわる周囲の人が幸せ」なのが、あなたの幸せなんじゃない。

自分がかかわる周囲の人が幸せなときに、「どんな心の状態の自分で過ごしているのか」こそが、もっと大事。

自分の内側が、どんな気持ちか。幸せを感じられているのか。

二番目の例。お金さえ儲ければええねん。自分さえ潤えば幸せですと言えるならいいだろう。それに胸を張って、本心からイエスと言えるだろうか？

ようするに外側の条件は、絶対ではないんだ。

「周りが笑顔で幸せなら」とか、「やりたい仕事を見つけたら」とか。

結局のところ、外側の条件がピカピカに見えたとしても、**内側が満ち足りていなければ、幸せとはいえないんじゃないんか**って話なんよ。

外からよく見える自分を求めるのは、外側だけをよいものにしようとする行為でしかない。大切なのは内側なんだ。

自分がどう感じているか。心地よいのか。しっくりきているのか。心惹かれるのか――。**他人からどう見られているか、ではなく、自分がどんな気持ちでいるかのほうがよほど大事。**

本当の幸せというのは、自分の内なる感情からしか湧き出ない。インターネットで探そうとしても、人に聞き出しても、見つからないのはそのためだ。

つまり、自分の感情をしっかりと捉え、味わい、感じ取れなければ、本質的な幸せは見つからない。「自分」は見つけられないいんだ。

もっとも、ここまで読んできてくれたあなたなら、理解すると同時に、こう感じているかもしれない。

「幸せは、自分の感情からしか湧き出ない。……なんで、そんな簡単なことに気づけなかったんだろう」と。

なぜ気づけなかったのか。答えは明確。

今、**多くの人が「自分の感情を大切にしていない」から。**

人目を気にする人の就活・転職に足りないもの

今、多くの人が自分の感情を大切にしていない。どういうことか、わかる？

自分がどんなときに、心が弾んで、ワクワクするのか。
心の底から喜びがこみあげて、楽しめるのか。
こうした感情は、本来、自分にしかわからない。
当然のことやな。

ただこうした自分しか気づけない感情を捉えられたら、自分にとって心地いいこと・嫌なことが見えてくるようになる。自分にとっての幸せな状態、つまり「WA

NT TO（～したい）」がわかってくるってこと。これが本質や。
そこを原動力に進んでいけば、ビジョンや夢も見えてくるというわけだ。

ところが、今は「WANT TO」よりも「HAVE TO（～しなければならない）」ばかりに目がいっている人が多い。

「したい」じゃなくて、「しなければ」。
自分の内側や本質じゃなく、世間の常識やスタンダードからはみ出さないようにした「しなければならない」ばかり追っているから、何がしたいかが見えてこない。
自分より他人の目を気にする癖がついているんよな。
外側を気にしすぎて、自分の内側がわからなくなり、見えなくなっているんちゃうかな。

わかりやすいのが「ガクチカ」だ。

就活生が俺のところに相談にくるって話はしたよな？

彼らの多くが抱いている悩みが「ガクチカ」なんだ。エントリーシート（ES）に記入したり、面接で聞かれたりする定番の「学生時代に力を入れたことはなんですか？」という質問。

略してガク（＝学）チカ（力）というわけだ。

このガクチカをどう書けばいいのか。どう書けば次の面接に進めるか。いかに書けば内定に近づけるか。

そう考えて、悩んでいるってわけ。

そして就活本や就活情報を載せたネット記事、就活セミナーなんかを受講して、「突破するガクチカ」として紹介されるような定型文を学ぶ。それを自分のものにして、そのとおり書いて話す。9割がサークル、ゼミ、部活、アルバイトのことを書いてるんやないかな。

就活セミナーで話を聞いても、個人セッションで相談を受けても、自己PRをしたいのか、周りよりもPRをできるようにしたいのかが、よくわからないガクチカを書いている人がほんまに多い。そんで、そういう人は面接に進んでも「隣にいる学生よりも、こんなことをやってきましたよ」っていう結果報告会をしてしまう。結果報告会で、隣の人が自分よりすごい実績をアピールしていたら、落ち込む人も多い。

なんでやねん、って俺は思うのよね。

自己PRをしに行ったのに、隣の学生の学歴、実績を聞いてひけめに感じる必要はないやんか。そういうことを気にしていたり、突破するガクチカを用意する人は結局どうなるか。

残念ながら、ほとんど落ちるよね。

なんで落ちるか、わかるよな？

ガクチカは就活の定番の質問だといった。その定番の質問に、事前に準備してきた誰かの借り物の答えを用意されたら、それを読んだり聞いたりする企業の人事担当者は、どう思う？

仮に１００人の学生が来たら、そのうちのほぼ全員のガクチカが、通過事例集と同じような定型文にそっている展開、ストーリーだったとしたなら。

どう？　全然、就活生本人の個性、本心、感情が見えてこないと思わへん？

あなたが面接する人事の立場なら「読んでいてワクワクしておもしろい」と思う？

思わへんよな。

やっぱり「今、あなたがどう思うか」。

ここが一番大事なんちゃうん？

「え、でも就活ってそんなもんでしょ？」「仕方ないよね」と思っているなら、そのまま続けたらいい。「HAVE TO」に従って生きていくのもいい。これも自分の選択。

「これが普通だから仕方ない」で、一生過ごせますか？

ただ、「仕方ない」って言うけれど、あなたの本心、感情は、あきらかにおもしろくないよね。ワクワクしないし、個性もなくなると思ったのに自分の本心とは真逆の就活をするから、気が重くなるねん。

自分の本心や本音を出せずに面接が終わったら、どうやろか？　気が晴れていると思うだろうか？　それとも、気が重くなっているかな？

逆に自分の本心や本音を出せた面接が終わったときはどうやろか？

おそらく気軽で気が晴れていて、とても楽しい時間になっているんちゃうかな？


気が楽しいと書いて「気楽」って言葉、あるよね。

自分がどんな時に気軽で、気が晴れていて、気楽なのかを考えてみるのもいい。

自分の本心・本音を気楽な状態で楽しんでいるとき、自分の内側から本来持っている自分のもともとのエネルギーが湧き出てくるもんや。

それを、元の気と書いて「元気」という。


周りを見たときに元気がいい人っていると思う。「何がしたいのかわからへん」って人は、彼らを観察して、元気とは何なのか感じてみるのも手やね。

話を戻そう。

万が一、運良くそのまま内定したとする。

でもそれは「HAVE　TO」で前に進んで、選んできた道だ。

寄せて、盛って、むりくりその企業に気に入られるように面接をこなし、自分の感情に嘘をついて就く仕事だ。仮に入社できたとしても、半年・1年・3年・5年と嘘偽りの自分を演じながらする仕事は、ワクワクする仕事、情熱を持ってあたれる仕事になるんやろか?

感情とつながった、自分の中の「WANT　TO」を見つけ出して、それをもとにしたガクチカを伝えたほうがええんちゃうかな。

そもそも人事担当者も、本当のあなたを知りたい。あなただって、本当の自分でワクワクしながら、仕事したほうが幸せじゃないのか。

この話は、就活だけの話ちゃうで。

よく、ビジネスにおけるモチベーションには「will（したい）」「can（できる）」「must（しなければならない）」の3つがあるといわれる。そして、その3つが重なるところが大きければ大きいほどいいとされる。

就職するまでは「will」を大切にしていたのに、社会人になってからは「can」と「must」ばかりに目が向いてしまい、「will」を放って置きがちになる人も多い。

「仕事だから仕方ないよね」ってなるビジネスパーソンがめっちゃおる。

ほんまに一生それでええんかな。

それが一生続くと思ったとき、あなたは心地いい？

楽しい、おもしろい、ワクワクすることを諦めて、我慢し続けるしかないと、勝

手に思い込んでいないか？
もう世間体や、周囲の意見、スタンダードと呼ばれるものに振りまわされるのはやめよう。

自分の感情を見つけたいなら、頭によぎった自分の行動基準が「HAVE TO」なのか「WANT TO」なのか、考えるところからだ。

考えるな、感じろ

自分の感情とつながるため、あなたに実践してほしいことがある。
それは、とにかく「感情を意識して生きる」ってこと。
何かをしたとき、しているとき、「今、自分はどんな感情を抱いているか」、あえて意識してみる。

具体的には「ラベリング」をしてみてほしい。ラベリングとは、そのまま訳せば「ラベルを貼ること」。

悲しい、うれしい、ワクワクする、緊張する、ムカつく、怖い。

学校や職場、その他いろんな日常生活の場で、あなたはきっとこうしたさまざまな感情を抱いて過ごしているはずだ。しかし、その感情に名前をつけず、なんとなくモヤモヤとした感覚だけで捉えている人は多いと思う。

感情に向き合うのは、少し怖いことでもあるからね。

けど、逆やねん。

心理学の世界では、今自分が抱えている感情を、ただそのままにしておくのではなく、ラベルを貼るように明確な言葉にして表現すると、心穏やかになり気持ちが落ち着いてくることが知られている。それこそが心理学の世界でいう「感情のラベリング」と呼ばれる行為のメリットだ。

もやもやと、はっきりしないまま感じていたネガティブな感情も、言葉にすることで、手にとって対処できるような気がしてくる。結果として落ち着けるわけやね。

だから「ラベリング」する。

何かしらの感情を抱いたら、それをいちいち言葉にしてみたらええ。

たとえば、ある日あなたが会社でこう思ったとしよう。

「はぁ。あの上司。〝なんか嫌〟だな」

この〝なんか嫌〟をしっかり言葉にしてみよう。

「高圧的で上から目線なのが嫌」

ほぉ何で嫌なんやろ?

「なんか〝バカにされてるというか否定されている気がする〟んですよね」

それや、それ!

あなたは〝バカにされたり否定されたと感じた〟ときに、〝なんか嫌だな〟と抵抗感を覚えたと言うことができる。もし、同じことが場面・場所・人を変えて起こるなら、それがあなたの「癖」「パターン」だと見抜くことができるというわけ。

そんな具合に感情を言葉にして深掘りをし、書く、記憶する。

すると自分の癖が見抜けるようになる。続けるうちに、これまで無意識に湧きあがっては消えるままにしていた感情たちに名前がつけられるようになる。それが心の状態を理解する指標になるってわけ。

最終的には、今自分がどんな状態かを心穏やかに理解できるようになる。

この「心穏やかに」というのが大事やね。

自分の感情を言語化する行為は、少し自分を客観的に見ざるをえない。

心穏やかに自分を見ることで、はじめて感情の言語化ができる。これを続けると、心穏やかに自分を見るのが前より、ラクになる。すると、どんな状況でも仮に動揺したとしても、落ち着いて、客観的に自分の感情と向き合うことで、気持ちをコントロールできるようになる。

緊張や焦りがあっても、あるいは気落ちなどをしても、客観的に自分を捉え、本来自分が持っている能力を十二分に発揮できるようになるってわけや。

そして「自分の感情とつながる」ことが、さも当たり前にできるようになる。

どんなときに、自分がワクワクするか。

どんな心の状態が幸せを感じるのか。

それが見えてくると無意識下にあるものを意識化できるようにもなる。

すると、したいこと、やりたいこと、夢やビジョンも見えてきて、自然とそれらに近づけるってわけだ。


今の世の中、「考える前に動け！」「動かなければ何もはじまらない」といった価値観が支持されがちよな。

机上の空論だけ、アイデアだけで、動かないと感情も揺れ動かないし、経験もできない。つまり、手を動かさなければ、仕事でも勉強でも、人生でも何もはじまらないのは、そのとおりだと思う。


ただ、「Do」も大事だが、そのせいでないがしろにされてきた「Feel（感じる）」を大切にすべきときにきていると思う。

自分はどんな感情を抱いているのか、どんなとき、どんな感情が現れるのか。いわば「味わう」ように、しっかりと自分の感情に触れて、認識するのだ。

すると、もうひとつ大きな効能が現れる。

自分の感情が、いつだって1つじゃないと実感できる。

片側だけじゃないことが、より日常の実践の中で腑に落ちて理解できてくる。

不安でいっぱいになるのは、脳のトリックのせい

感情のラベリングを習慣化すると、自分の感情を冷静に、ちょっと上から俯瞰《ふかん》で見るように、客観視できるようになる。

自分がどんなときに幸せを感じるか。つまり、どんな自分で過ごしていたら幸せ

なのかが見えてくるようになる。

それだけではなく、感情に向き合い、味わっていくと、気づくことがある。

「自分の感情が片方だけじゃない」という実感だ。

思い出してほしい。前の章で、あなたはＺｅｒＯ理論の大切な要素のうちの１つ、「相対・表裏一体」を覚えたはずだ。すべてのものごとは、相反する別の要素を持っている。それは表と裏のように密接で切っても切れない関係で存在する。

人の感情はまさにそう。

「不安」と「期待」が同じだけある。

この「相対・表裏一体」に、感情を味わうことに慣れていない人は気づけない。やっぱり自分の感情も、片方しかない、片側に偏ってしかないと思い込んでしまうからだ。

それは脳のトリックやねん。

あなたの感情も、「相対・表裏一体」になっている。ただし、人の脳は同時に2つの感情を捉えることができない特徴があるんだ。

でも、考えてみると当然のことなんだよね。「相対・表裏一体」ということは、同じ感情の正反対が、表と裏として同時にあるってことやな。

たとえば、今、あなたのスマホを手にしてほしい。スマホがなければ本でも、鏡でも、厚みがないものならなんでもいい。とりあえずスマホで話すな。スマホの画面を自分の側に向けてまっすぐにして、顔の前にそれをかざしてみてくれる？

今、あなたが見ているのが、スマホの「表」面やな。

そのままの状態で、スマホは裏返さずにスマホの「裏」面を見てくれるか？

スマホの裏と表は同時に見られない

見えへんよね。スマホを裏返すしかない。

じゃあ、裏返してみて。すると、「裏」面が出てきたよな。

もうひとつ聞くな。そのままの状態で、「表」面って、見える？

見えないよね。でも「表しかないスマホ」ってないよね。「裏しかないスマホ」だって当然、ない。これとまったく同じなんよ。


あなたの感情も、俺の感情も、必ず表と裏が在る。表裏一体だ。ただ、その表と裏を同時に見て、感じることはできない。表を見ながら裏も同時に感じることができないからだ。

ただし「在る」と理解することはできる。

ここまで聞いたあなたは、頭ではわかるけど何となく腑に落ちない、そんな状態なんちゃうかな。さらにこれを自分のこととして落とし込むとなると、なおわからなくなる。

両極がわかれば、人生を自由に生きられる

他にも例を出そう。

たとえば、あなたに大好きな恋人がいたとする。友達として出会ってから数回デ

ートするようになり、3回目のデートで告白したら、つきあうことになった。そろそろつきあって1カ月になる頃。だから、もうぞっこんや。

感情でいったら「大好き！」「愛している！」だ。そんなときに自分に「大嫌い！」の感情があるとわかるかな？

「あるわけない！」とほとんどの人が答えるわな。

ではわかりやすいたとえを使って、2つの感情（好きと嫌い）が同時に存在するけど片方（好き）しか感じられないというのを体感してみよう。

来週の金曜日は、ちょうどつきあいはじめてから1カ月の記念日だ。

「来週の金曜日。ちょうどつきあって1カ月。その記念に、お互いにプレゼント買って、交換しよう」とあなたは、相手に提案した。

「いいね！　もちろん！」

相手ももちろん、承諾だ。

ところが、直前の2日前の水曜日になって「ごめん！　外せない用事が入って……」と相手からドタキャンの連絡が入った。

「ええ？　一週間前から約束していたのに……」ってあなたはなるわな。

でも好きだから、許すと思う。

「それなら、プレゼントだけ買っておいて、別の日に必ず交換しあおう」と言う。

「もちろん、ほんとごめん」

全然いい。仕方ない。そう返す。好きやから。

そして当日。あなたは大好きな恋人と会うつもりだったけれど、デートが延期になったので、渋谷に買い物に来た。恋人へプレゼントを買いに来たんや。駅前のスクランブル交差点。信号を待っているとき、ふと顔をあげると、交差点を渡った向こう側にあるスタバの窓に見覚えのある人影が見える。

あなたの恋人や。

一緒に楽しそうにしている相手は……あなたの親友や。

「どういうこと？　夢じゃないよね」って思う。

あなたとのデートはドタキャンしておいて、しかもこっそり自分の親友と会っている。

信号が青になったと同時に、小走りに横断歩道を渡ったあなたは、エスカレーターをかけのぼり、スタバの店内に入る。２人の後ろまで来ると、会話が聞こえてきた。

「今日、実はアイツに『２人で買い物行ってプレゼント交換しよう』なんて言われたんだけど、『用事あるから』って断ったわ。ほんとめんどうくさい。今ごろ買い物していいるんじゃないかな」

「え～かわいそう（笑）。ところで、アイツには私たち2人の関係、どう言っているの？」

「何も言えるわけないじゃん。でもそのうち別れるし」

笑いあっている2人。

さあ、あなたはこのとき、どんな感情を抱くかな？
すべてを捧げてもいいと思っていた恋人が、自分の大切な親友と浮気していたんだからね。

「ムカつく！」

当然やな。

「悲しい……。裏切られた！」
そう。それもあるよな。

「殴りたい！」
あるな。「殺意を抱く」なんて子もおったよ。

ちょっと想像しただけでも気づいたと思う。もうすでに複数の感情が湧いているよね。怒り、悲しみ、殺意……。まとめると「大嫌い！」って感情だと思うんだ。

ただ、それって「大好き！」だからだよね。

わかる？　あんなにも「大好き」だった恋人に裏切られた、あなたの心は「大嫌い」の感情でいっぱいなわけだ。その激情が「大好き」だったが故だと、渦中にいるときに気づけるだろうか？

こんな風に、人の心はどちらかの感情にハマッている状態では、もう片方の感情を感じることができない。

でも、感情は両方ある、「相対・表裏一体」で成り立っていると頭で理解していると、感情にハマらず、理性でものごとが選択できるようになる。

別の例でも伝えよう。

これはアスリートとの対話でよくする話だ。

運命の分かれ目となるような、大切な試合の前日。めちゃくちゃ緊張している選手がいるとする。

「やっぱりふとしたとき〝不安〟な自分も出てきますね」と、その選手が言ってくれたとしよう。

すると、俺はこう返す。

「心穏やかに在るものを見たらええ！　それだけ〝期待〟している自分がいるってことや！」

そう。すべては「相対・表裏一体」なんだ。

不安の反対には、必ず同じだけの期待がある。まったく自分に期待していなかったら、不安なんてものもない。ここで、心穏やかに自分を客観視できれば、もうすでにあるんだと気づける。

だから、ネガティブな自分や、弱い自分、恐れている感情や、ウィークポイントだと思っている性格に抗う必要はないねん。

自分の中にある、両方の感情。両方の性格。

自分にとって不快な感情もあるだろう。でも、あるものから目を背けず、味わったら執着せず手放す。

ポジティブもネガティブも、すべては表裏一体に在る

そのちょうど真ん中にあるＺｅｒＯの部分に立つんだ。

ＺｅｒＯの視点とは自分軸。

ＺｅｒＯの視点に立てば、その両端が、両極が見える。

「なりたい自分」を目指すための選択ができる。自分の舵取りができるようになる。

勝手に自分が無意識に選択した、「自信がない」だ「ネガティブ」だ「暗い」などの〝片側〟だけに支配されず、ありたいように自由自在に選択して生きていけるのよ。

感情を味わうと、見える世界が広がる

自分の感情にハマりすぎるのはよくない。でも、感情をおざなりにしているのは「自分を知らない」のと同じ。

感情は常に揺れ動く。目にする景色や聞いている音楽なんかでコロコロと変わる。一番揺れ動きやすいのは、人と対したとき、つまり「人間関係」においてかもしれない。

何をしているときに、自分は何を感じているのかを知ろう。

それが、自分を知る唯一のてがかりなんだ。

感情は瞬間的なものだが、その強い感情の裏には理由・原因・思いがある。この

理由・原因・思いこそ、まさに「自分」なんやからね。


いろんな理由や思いの集合体が本当の自分。

外側じゃなく、内側にあるのが、本当の自分なんだ。


どんな感情であれそのときに感じたものが、あなたであり、自分の中にあるもの。

その感情を体感して、実感すると、相手の感情も見えてくるようになる。

自分の中に感情の引き出しができると、相手の感情にも敏感になれるからね。

これを「共に感じる」と書いて、「共感」ともいう。他者に対して、深い共感が持てる人にもなれるんだ。

こうして感情を味わうことで、あなたの視座はどんどん高くなる。

自分のことも相手のことも、見える範囲がぐんぐん広がっていく。

視座を高くして、ＺｅｒＯ理論を自分のものにするためにも、感情を大事にすることが欠かせないんだ。

第3章

ZerO理論

Zer0理論がもたらすもの

「素直」って言葉、あるよね。

普段から普通に使っている人は多いと思う。けれど、本当の意味を知っているだろうか？　〝素〟の自分に真っ〝直〟ぐに生きるって意味やねん。

前章で話したように、あなたが感情とつながり、感情を認知しはじめると自分にとっての幸せだと思う感情がわかってくる。

世間体や誰かの評価ではなくて、自分の心の奥底から湧きあがるワクワクする感覚、心地良い感覚、しっくりする感覚。

それが素の自分だ。

そうした素直な自分に、真っ直ぐに向き合えるようになれば、本来生きたい人生を選べるようになる。

さて、ここからが本番だ。この章ではZerO理論についてあらためて話そう。

ZerO理論とは、「素直な自分に向き合い、フラットでニュートラルな場所に立ち、すべてが在る状態からブレない自分軸を持って自分の在り方を選ぶ」ための理論。

このZerO理論を理解し、実践することは世の中の真理を知り、自分の内側と外側の世界の関係性を理解することにもつながる。そして、これまで外側に探し求めていたものが、自分の内側にあったと気づき、それを選択できるようになる。

また難しい話になったか？（笑）　ゆっくり説明していこか。


「やりたいことが見つからない。将来のビジョンが見えない」

「仕事で思うような成果が出せない」

「家族との関係に悩みを抱えている」

「恋人とうまくいってない」

「自分のことが好きになれない」


三者三様、十人十色。１００人いたら１００通りの悩みがあるはずやんな。

俺もあなたも、何かしらの悩みや課題を持って、日々を生きている。

「人生って、思ってたよりもめっちゃキツい」なんて泣きたくなる瞬間もあるわな。

でも、それこそが人生ちゃうんかな。

その苦しさは「レンズの濁り」が原因

考えてみたら人生とは、あなたを主人公にした1本の映画のようなものだ。映画のストーリーには、たいてい起伏がある。ストーリーの途中、主人公を悩ませる問題や課題が必ず現れる。それぞれの問題を解決するため、そして課題を乗り越えるために、主人公は、あれやこれやと一生懸命頑張る。

恋愛映画やったら相手とうまくいくために自分磨きや、考え方を変えたりする。アクション映画なら敵を倒すため修行したり、仲間を集めたりってとこやな。

ちなみに、そうした行動を「克服行動」と俺は言っている。

克服行動って、得るもんが多いんよ。乗り越えて解決できたらストーリーは盛り上がるし、解決できなくても、その経験はあなたを成長させる。

ひとつの問題をクリアしたことで「達成感」「高揚感」も得られる。

実際、克服行動によって問題・課題を乗り越えているとき、脳からは「ドーパミン」があふれてくるといわれている。ドーパミンってのは、幸せホルモンといわれる脳内物質のことや。克服行動も何もせずに、目の前から課題が消えていくのとはまったく違うレベルで「気持ちいい」快楽を感じる。

乗り越えたときの達成感、高揚感、快感があるから、「また困難に向き合ったときも頑張ろう！」というやりがいみたいなものが手に入るわけや。

だから、人生で直面する問題や課題は、ちっとも悪いものではない。むしろ歓迎すべきものとさえ言えるよね。ただ、ひとつ押さえておきたいことがある。

人生はあなたを主人公にした映画のようなものだと言った。

その映画の中で主人公であるあなたを成長させるよき経験として、課題や問題とその克服もあると言った。

ただ、その人生という映画をスクリーンに映している映写機の「レンズ」が黄色く濁っていたら、どうだろう？

問題や課題にぶちあたり、「なにくそ！」と克服行動を起こした。努力して、解決してきた。

けれど、そもそも映写機のレンズが濁ったままなら、また場面が変わり、人が変わって、実は目の前の状況が何も問題のないものであったとしても、目に映るもののすべてを「問題だ」「課題だ」と捉えてしまうのではないだろうか。

わかる？

つまり、世の中を映し出すスクリーンのレンズが黄色く濁ったままならば、何を映し出したとしても、すべてが黄色く濁って見えるってことや。

これでは根本的な問題や課題は消えない。課題にぶつかっても、解決してやりがいに変えてしまう。そしてまた、やりがいを得るために同じようなシナリオを繰り返していたら、ただただ目の前のことに追われて人生の上映時間が過ぎてしまうんちゃうかな。

スクリーンは外側の現象で、レンズがいわばあなたの内側（心）だ。あなたの内側、心についた余計な色（思い込み、固定概念）に気づかない限り、何を映しても濁って見えるんだ。

心のレンズは綺麗なほうがいいよね。レンズが黒く濁っていたら、赤いリンゴだって黒く見えてしまうこともあるやろ。**心のレンズが綺麗な状態。これが、ニュートラルなZerOの視点にいる状態でもある。**

レンズが濁っていれば、スクリーンも自動的に濁って見える

すべてを決めるのは、自分だ

さっきみたいな話をすると、こんなことを言われることがある。

「でも、話は理解できるけど、自分の思い込みに自分で気づけるんですか？」

「心のレンズが濁っていても、自分じゃわからない気がする……」


けど、言うとくわ。めっちゃ簡単やねん。


実は、今まで話してきた「ＺｅｒＯの視点」を知ってるだけでも、あなたは思い込みから一歩抜け出してるのよ。

だって、今まで知らなかったやろ？

すべては相対・表裏一体していること。

そしてそれらは、切っても切り離せず、つながって存在していること。

さらにそれは目に見える世界だけのことじゃなく、心の世界でも同じで、心の世界の中では、ネガティブもポジティブも、自信も不安も、みな同じ大きさで存在していること。

これを知ってるだけで、もし、トラブルに見舞われて「最低だ」と思ったり、憂鬱になったりしても、今、自分の中にあるのは、最低と憂鬱だけじゃないことがわかる。

その反対の考えも感情も、全部、自分にあることがわかる。

そうすると、「あ、思い込みにまたハマッてた」「レンズ濁らせていた」とわかるんや。

もっと具体的に話そか。

「僕、いっつも親に否定されて育ってきたんです」

「上司が全然、私を認めてくれないんです。仕事を任せてくれないし……」

俺のところには、学生や社会人から、よくこうした相談が届く。そんなとき、俺はこんな質問をする。

「なるほど。そうか。じゃあな。もし3歳くらいの小さな子どもが、ささささっと寄ってきて、あなたに向かって『○○ちゃんのバカ！』って言ったら、あなたは傷つく？　『なんでそんなこと言うの！』とキレる？」

ほとんどの人が、「傷つかないですね」「キレませんよ」と笑う。

なぜなら、自分のことを3歳くらいの小さな子と比べてこれっぽっちもバカだとは思っていないからだ。

「そうだよな。でもそれって、自分が『3歳児の言うとおり自分はバカなんだ』とまったく思っていないからじゃないか？」と返したあと、俺はこう続けるんだ。

「ところであなたの親は『いいか。これからお前を否定するぞ』なんて言ってから話をしている？」

「上司から『お前のことは何ひとつ認めない！』って宣言されたことある？」

「否定された」「認めてもらえない」

それぞれの主語は親や上司じゃない。そう言っているのは、自分なんだよ。

自分が自分をどう思っているか、どう受け取っているかですべてが決まる。

3歳児が投げかけた「バカ！」、両親の何気ないひとことや上司の表現……。自分の心の中にある、世の中の出来事を映し出すレンズが、すべてを決めるんだ。物事は中立でありすべては自分の心（レンズ）がどう反応しているかでしかない。

ということは、映すレンズが替われば、すべてが変わるってことじゃない？

ＺｅｒＯ理論を知っているだけで、俺が今言ったような、こういう考えがすっと浮かんでくるようになる。だから生きるのがラクになる。

さあ、あなたの映写機のレンズを替える時間だ。

ＺｅｒＯ理論なら、それができる。

この章では、ＺｅｒＯ理論の本質についてもっと迫っていきたい。

３つの考え方からなるＺｅｒＯ理論をあらためて、あなたに伝授しよう。

「相対・表裏一体」——すべては相対して、同時に存在している

ZerO理論は3つの考え方から成り立っている。

「相対・表裏一体」「関係性」、そして「外側に感じたものを内側に戻す」の3つだ。

あらためて整理していこう。

1つ目は、これまでにも話した「相対・表裏一体」。

相対とは、向かい合った2つの対立する概念、あるいはその関係性のことだ。

世の中のあらゆることは、2つに分かれている。そしてすべてのものは、表と裏

のように密接で切っても切れない関係で存在する。
失敗が存在するから、成功が存在する。悪人がいるからこそ、善人が存在する。
陰があり、陽がある。幸せと不幸せがある。

すべては「相対」であり、2つは「表裏一体」でペアの関係なのだ。
片方がなければ、片方は存在しない。そしてそれは、心の世界でも同じ。

ただし人の脳は、自分の片側の感情しか認識できないし、感じられない。同時に両極を感じられないしくみになっているんだ。

まだ信じられへんって人もいるかもな。
だから、ZerO理論における3つのしくみ。
その2つ目にあたる「関係性」でひもといていこか。

「関係性」――相手の数だけ自分が在る

ZerO理論。**相対・表裏一体の次のしくみが「関係性」だ。**

本来、「自分」とは絶対的で普遍的なものとほとんどの人が思っているだろう。
けれど、真実は違うんや。「自分」とは他人との関係性によって、変化する。
かかわった人と同じだけの「自分」が存在するともいえるんよ。

わかりやすく説明しようか。
たとえば、あなたの手は、「温かい」だろうか？

「そうですね。温かいです」

即答してくれたのなら、ぜひ近くにいる誰か2人と握手してほしい。

それが仮にAさんとBさんだとしよう。Aさんと握手したら、あなたのほうが手が温かかった。なるほど。あなたは「手が温かい人」だ。

残るBさんとも握手したとしよう。すると、今度はBさんのほうが手が温かく、あなたのほうが冷たかった。あなたは「手が温かい人」といえる?

あなたは誰に対しても「手が温かい人」ではないよな。Aさんから見たら、「手が温かい人」だけれど、Bさんから見たら「手が冷たい人」になるわけや。

これは体温だけの話じゃないねん。

「僕はポジティブなんです」

そんなあなたは、誰かにとっては確かにポジティブでも、別の誰かから見たら、ネガティブな人間かもしれへん。あなたを超えるほどポジティブな人からすれば、「あいつってネガティブな人間だな」と思われるのが当然やからね。

なんだってそうだ。

「私は人見知りで、人前で話せないんです」
「集中力ならば誰にも負けない。自信があります」
「怒りっぽくて、どちらかというと短気です」

こうした自分のキャラクター、あるいは長所や短所として認識しているもの、あるよな？　でも、それって関係性が変わればどうやろか？

「人見知りで人前では話せない」

それが短所だと思っているあなたは、快活なAさんには人見知りに映っているかもしれないけれど、うんと引っ込み思案なBさんからみたら、「オープンで話し好き」なあなたとなる。

「怒りっぽい」と自分の短所を憂いているあなたも同じや。

あなたよりずっと短気で、いつなんどきもイライラしてキレやすい誰かから見たら「なんて温和な人なんだ」と、思われそうやな。

もうわかったよな。

「自分はこんな人間だ」なんていうのは、片側だけの自分を見た捉え方やねん。

すでに言ったとおり、すべては「相対・表裏一体」なんだ。

だから、Aさんから見たあなたの長所は、Bさんにとっては短所に感じられる。

長所はそのまま短所でもある。

だからこそ、短所をなくそうとしたら、長所もなくなる。長所を伸ばすと、短所まで伸びてしまう。これを理解してるのと、長所と短所はまったく違うものなのだと認識しているのでは話が変わってくる。

他者との関係性によって自分はコロコロとさまざまな自分に変わるんだ。

おおげさにいえば、地球上に80億人が生きているんだから、あなたという人間は80億通りあるってことだ。「関係性」によって、あなたの見え方は変わってくるね。あなたを含めて**この世の中が、「私はこんな人間だ」とか「社会とはこんなものだ」とか、そんな単色のシンプルな作り込みで成り立ってはいない**ということだ。

可能性にフタをしているのは、誰だ？

就活や転職活動のとき。

履歴書の自己PR欄に「書くことがない」「誇るべき長所なんてない」「短所しか見当たらない」なんて悩む人がいるねん。

そういう人は「キャリアセンターの自己PRの見本とは違う特徴だから」「転職の成功談で見聞きするような人たちとは違うスキルや職歴だから」といった具合に、周りの情報や、他人の声ばっかり気にしている。

そんなん、他人と違って当たり前やのに。

就職、転職においては「答えがない」のが答えじゃないだろうか。

考えてみてほしい。

家族と一緒に過ごしているあなた。
学校のクラスメイトと一緒にいるときのあなた。
アルバイト先の店長や社員の人たちといるときのあなた。

とても大好きなパートナーと一緒の時間を過ごしているときのあなた――。

異なる場所で、違う誰かといるときのあなたは、いつでも同じあなただろうか？

同じ言葉使い、同じ態度、同じ思考をしている「同じあなた」でいるだろうか？

答えはノーだよね。

関係性によって、見方が変わるように、実のところあなた自身のアウトプットも関係性によってまったく違う。

甘えたあなた、クールなあなた、頼りがいのあるあなた、リラックスしたあなた……。ほら、考えてみたら、あなたというひとりの中に、ものすごい振り幅のキャラクターがいない？

表に出しているかどうかは別として、確かに「いる」よな。そして、そのどれもが、すべてが、嘘いつわりのないあなたなんだ。

あなたの中には、さまざまなあなたがいる。
十人十色、千差万別と言うけれど、それは、あなたひとりの中でもそうなんだ。

ある意味、自分というものが存在しないなら、どこを切り取っても自分ということにもなる。

関係性によって、あなたは変わる。「あなたはどんな人なのか」と問われると、どの関係性の自分を切り取って表現するかによって、いかようにでもあなたは変われるってことなんだ。

つまり「自分はこんな人間だ」なんて、一元的な場所に自分を閉じ込めるのは完全に間違いということ。

あなたは、すでに「すべてを持っている」んだ。

長所が100あるあなたは短所も100持っている。

あなたの性格、キャラクターは十人十色でひとりの中にある。

そのどこか一方に偏らない地点をＺｅｒＯ地点と呼ぶ。ＺｅｒＯ地点に立っていれば、自分が何かひとつだけの、片側だけの人間じゃないとわかる。今いるＺｅｒＯの地点から、選択し、なりたい自分になれるということや。

「外側に感じたものを内側に戻す」

最後に３つ目の考え方だ。**「外側に感じたものを内側に戻す」**。

なんや、それ？　って感じやんな？　わかるわ。ここはごちゃごちゃ言ってもわからん。「体験」がわかりやすいから、体験してもらおう。

俺がよくやるのが「父・母ワーク」やねん。これをやってほしい。

「これが私です」「これぞ僕なんです」

人がそんな風に認識している自分は、約5％程度でしかないといわれている。めっちゃ少ないよな。どうなってん？　あとの95％は？　というと見えてない。95％のあなたは、自分ではまったく認識できてない「潜在意識」にあるということ。

この残りの95％を導き出すのが「父・母ワーク」。先に言うとくで。自分を知ろうと自分の内側に入っていけば、もしかしたら認めたくない、受け入れたくない、あるはずがない、自分にとっては不都合な自分がいるかもしれない。ワークをやるっていうのは、それを見るっていうことや。

準備は大丈夫？

「もちろんです」？

ホンマか？　抵抗出るでぇ～（笑）。
では、一旦はじめようか。と、その前に、覚えてる？
「目に見える世界と心の世界が2つ同時に存在している」って言ったよね。
これだけは忘れたらあかんで。

父・母ワーク

①両親の性格を書き出す

突然やけど、あなたの「父親と母親の性格」ってどんなやった？
幼少期の自分から見てどんな人に見えていたやろか。
尊敬するところ、「ここはなぁ」と反面教師にしたところ。
好きなところ、嫌いなところをちょっと書き出してみてほしい。
※父親も母親もいないって場合は、あなたにとって一番関係が近かった同性・異性を書き出してほしい。

②性格と現象を間違わない

注意点が1つある。ここでは「現象」ではなく「感情（性格）」を書き出してほしい。「料理がうまい」これは現象だ。「両親が料理がうまい性格なんだよね」とはならないでしょ？　「料理がうまくて、家族に献身的な母親だった」。これは性格だよね。現象と性格をごっちゃにして書く人がいるから、気をつけてな。

③書き出した両親の性格、それは○○だ

書けたかな？

その書いたすべての性格、尊敬するところ、反面教師にしたところ、好きなところ、嫌いなところ。

そのすべて、いいも悪いも、すべてがあなた自身です。

もう一度言う。「すべてあなた自身」なんです。

人は自分が持っているものしか、感じられない

ここで「父・母ワーク」で今一度書いたものを見直してほしい。

「確かに」「わかる！」って部分と「いやいや。こんなの私ではない」「ありえない」って声もあがると思う。

「母は口うるさい性格でそれが嫌いなので、どちらかというと、私は周りに気を遣っていて、空気が読めるほうです」とか。

「とにかく絶対違う！」というあなたも、それでOKや。

ただこの本を読み終えるころには、否定できない自分と出会うはずや。

では、いくつか質問するで。

もし俺が、あなた（外側）を見て「素直やなぁ」と感じたとしよう。俺の心の中に「素直さ」がなかったら、あなた（外側）に「素直やなぁ」と感じられるかな？

もし俺が、あなた（外側）を見て「自己中心的なやつだなぁ」と感じたとしよう。俺の心の中に「自己中心的な部分」がなかったら、あなた（外側）に対して「自己中心的なやつだなぁ」と感じられるだろうか？

どちらも「感じられない」はずよな。

自分の内側にないものを外側に感じることはない。**これもＺｅｒＯ理論のベースとなる考え方だ。**

言い換えようか。**「外側に感じるものは、すべて自分の内側にある」**いうことや。

白い紙を胸にあてると「内側」という字は見えなくなる

わかりやすく説明しよう。

手元に1枚の白い紙を用意してほしい。片面に「内側」、もう片面に「外側」と書いてみてくれる？　その紙を、自分から見えるほうに〝内側〟と書いた面がくるようにして、自分の胸元辺りに持ってきて、胸に紙をピタッとくっつけてみて。上の右側のイラストみたいな感じやね。

今、あなたのことを傍《はた》から見ると、外側という紙を持っているように見えるはずや。そして、それと同じようにあなた自身も、目を使って見ていると思っているのは、「外側の世界」。

じゃあ、紙を持った手をそのまま、ま

っすぐ前に伸ばしてくれるか。そうしたら、手にした紙に書いてあることが見えるようになる。そこには、なんて書いてある？　あなたの目にはなんて言葉が映っている？

そう。そこにあるのは「内側」なんだよね。

これは、紙だけの話じゃない。これが、あなたという人間の中にある真理なんや。外側を見ているんだけど、そこに感じられるものはすべて自分の内側。

ただし、脳みそは普段はこれに気づけない。だからこそ、外側のスクリーンに映っていることばかり解決しようと奔走してしまう。

じゃあ、どうすればいいのか。

大事なのは、外側に感じたものを自分に戻し、内側に気づき自分を理解していくこと。

自分の内側にあるものしか、人は感じることができない

話、戻すで。

外側にあると思っているものは、すべて、内側にあるものだった。ここで、同じ質問をしよう。さっき書き出した父と母の性格のすべて、尊敬するところ、反面教師にしたいところ、好きなところも嫌いなところも誰が感じたものですか？

そう。「あなた自身」なんや。

絶対あるはずがない、そんなまさかの自分があるということにまずは気づこう。そして、それを判断せず、認め、ゆるし、受け入れ、理解するんや。

私とは違う。私じゃないと思ったあなたも。ポジティブな自分を誇っていたのに、ネガティブだと気づかされたあなたも。

そんな行いを自分がやっている、やっていないかは関係ない。

見える世界でそんな行い、考え方をしていなくても、心の世界であなたが嫌いなこと、もっとも避けたい考えを持っている、内側には「ある」って事実は変わらない。


言ったよな？　**意識できる世界は5％しかない。残りの世界が95％なんだ。**


父・母ワークで、まさかの自分と出会えた。

それでいいんよ。あるものを見る、知るだけでいい。それが悪い、いいと判断しないのが大事、ただ受け入れる。これこそが「あるがまま」「ありのまま」のニュートラルな自分。ＺｅｒＯの自分。

無限の可能性から選べるのは、あなただけ

「相対・表裏一体」「関係性」「外側に感じたものを内側に戻す」。

俺が唱えているＺｅｒ０理論のベースとなるしくみを伝えてきた。

Ｚｅｒ０理論を理解して動くということは、無限の可能性を、もうすでに持っているあなたを空高くから俯瞰で見ること。そして、その可能性の中から「なりたい自分」を自分で選べるようになるってことだ。

「感情を味わってワクワクする自分を見つけよう」と先に言った。それこそがなりたい自分だからね、って。

そんななりたい自分、気持ちが高まる自分の姿を自分自身で選べるってことや。
ＺｅｒＯ地点にいたら、自分の感情に「相対」があって、それが「表裏一体」だと理解できる。「関係性」によって自分の中身がすでにあることも理解している。

無意識の色眼鏡をかけたまま生きて、勝手に問題、課題を作り出し、克服行動か逃避行動を繰り返す人生を送るのがええのか。
「新しい概念、感覚で自分はどんな自分で生きようか」と、自分の中にすでにあるたくさんの選択肢の中から生きるほうがええか。

どっちでもええんや。自分で選択すればいい。

ＺｅｒＯの地点に立てたなら、これまでは自分の中に「ない」と思っていたことに気づける。あなたの内側は、表、あるいは裏といった片側の感情にどっぷりハマると、その反対側が感じられなくなるのは当然なんだ。

ただ、それが脳のトリックだと気づくこと。

とても大事なことだ。感じられなくても、理解することはできるよね。

「自分には表裏がある」

「ポジティブな自分と同じくらいネガティブな自分がいる」

「人前で話すのが苦手な自分の中には、実は人前で大胆になれる自分もいる」

「相対・表裏一体」「関係性」の理屈を知ってしまったあなたは、もうそのことに気づいている。知っている。知っているのだから、見えなくても選べるんだ。

自分の未来を選べるようになったんだ。

もうひとつ、ZerO理論を理解すると大きなメリットがある。自分が持つ、ポテンシャルをいつでも発揮できるようになることだ。

Zer0とは真理である

繰り返しになるが、人の心の中は「相対・表裏一体」だ。強い恐怖を抱いているというのは、強い自信も同時に持っているということ。それなのに、恐怖にばかり目が向いてしまい、感情にどっぷりハマると、恐怖に飲まれる。本来同時にあるはずの、反対側にある自信に気づかずに、恐怖だけが増幅して感じられてしまうのだ。

克服行動が得意になってくると「いかん。いかん、恐怖なんて感じてられるか！」と恐怖を消そうとしてしまう。これが癖であり無意識のパターンになっている。これもまずい。

だから、恐怖を感じたときも、ＺｅｒＯのままでいる。

「めっちゃ怖い！」「恐怖だわ」と気づいたまま、それを味わう。

反対側に自信があるからだなぁ、としっかり気づいて、そちらも味わう。ようするに、**真ん中のＺｅｒＯの状態に心があるから、揺れ動かず、リラックスして、心身の持つ普段からの自分の力を臆せず、力みすぎず発揮できるんだ。**

アスリートがよく言う「ゾーンに入る」というのは、まさにこのＺｅｒＯ地点に立っているってことなんよ。

凪のように心ざわつかず、静かに落ちついているから、自分の力もすっと発揮しやすいし、周りの動きもはっきりと見てとれる。

「時間が止まって見えた」

「ボールがどこにいくかわかった」

ゾーンに入ったアスリートがそんなことを言うのは、ＺｅｒＯ地点に立って、すべてを俯瞰して客観視できているからなんだ。

恐怖や自信、恐れといった大きな感情に押し流されず、無理に消しさろうともせず、その恐怖の感情を味わって、客観的に感じとれれば、両極があるとわかる。だからＺｅｒＯ地点に戻れる。戻れれば、手放すこともできるんだ。

まとめよう。

ＺｅｒＯ理論のしくみを理解すると、自分の感情、性格、長所と短所、つまり自分自身を客観的に見られるようになる。

感情に飲み込まれず、最適な選択ができるようになる。

それはなりたい自分になれ、行きたい道を自由に歩き、進みたい未来を選べることと。つまり自由自在になれるってことだ。

ＺｅｒＯ地点に立っているからこそ、それはできる。

このＺｅｒＯ理論は俺が生み出したオリジナルではない。もうすでに世の中にあるもので、真理であり、自然界に組み込まれたシステムともいえる。だから、古今東西で同じようなことが説かれている。

仏教では、常に適した選択をすることを「中道」と呼んでいる。まさにZerO地点であり、ZerO理論だ。すでに持っている中から、冷静にベストな道を選べということだ。

老子は新しいことを学べば学ぶほど、人は「中」の状態にかえると説いている。先入観やこだわりなどを持たない、ZerOの状態といえるだろう。ユングにはじまる心理学の世界でも、似たような話は数多ある。

つまり先人たちは、それぞれの場所から、それぞれのアプローチで同じ真理、真実にたどり着いたということだ。

そして、俺自身も小手先のスキルや外側ばかりに気をとられ、挫折を繰り返して、悩みに悩んだ末に、さまざまな出会いや経験を経て、このZerO理論にたどり着いた。

今度はあなたが、今いる場所からその真理にたどり着く番だ。

第4章

ZerO理論を深める
6つのストーリー

ＺｅｒＯ理論なら「問題の根にあるもの」がわかる

「相対・表裏一体」「関係性」「外側に感じたものを内側に戻す」。

３つのしくみを理解して、いつでもＺｅｒＯの自分でいる。

自分自身の思い込みでつくった自分に惑わされず、なりたい「自分」を選択し、自分の道に進む――。このＺｅｒＯ理論を、あなたの生活に取り入れるには、どうすればいいのだろうか。

本章では、具体的にＺｅｒＯ理論を実践したメンバーの体験談を伝えていきたい。すべて、これまで実際に俺がＺｅｒＯ理論について教え、それぞれのＺｅｒＯの場所に立ち返り、仕事や人間関係や生き方を変えてきた先輩たちの例だ。

ここからの話は、客観視できるからこそ自分に置き換えて、レンズを透明に戻し、ZerO地点に立つイメージを持って、読んでほしい。

最初のひとりは、ZerO理論で「今の自分の悩み」の根っこを見つけ出した、アオイのストーリーだ。

【ストーリー❶　アオイ】

アオイは、俺がメンタルバランストレーナーをつとめている大学野球の選手から紹介されて、コーチングをすることになった女性だ。

当時、彼女は社会人1年目。大学生向けの就職支援会社の営業担当として、日々、学生や企業などに営業をかけるのが彼女の仕事だった。

はじめて会ったのはオンラインだったけれど、すっと背筋を伸ばして座る姿が美しく、ちょっとした所作もしなやかやった。

「よろしくな。アオイ。しかしめっちゃ姿勢がきれいなんやけど、何かやってた？」

聞けば、1年前まで体育系大学で新体操部に所属。全国大会でもそれなりの結果を残すめちゃくちゃすごいアスリートでもあったんだ。

子どもの頃からバレエやダンスをしており、体で表現するのも好きだったという。そんな話をしてくれるときも、ハツラツとした声で、いかにも生命力にあふれていた。

ただ「で、悩み、あるんやって？」と話を向けると、ろうそくの灯が消えたように顔色が暗くなり、声のトーンが下がり、気が重そうな口ぶりになったんだ。

「今、新規営業の部署にいて、まずは電話でお客さま獲得をするのが仕事なんですね。本当に、本当に頑張って電話するのですが、ほとんど成果が出せなくって。それだけならまだしも、同期の新人が私の他に15人いるんですが、彼らよりも全然ダメで……」

「そうなんやぁ」

俺はそう言ったあと、アオイの半生を少しさかのぼって聞いていった。

ここがポイントのひとつなんだ。

今の自分を知るには、過去の自分を見つめ直す必要がある。

過去の自分の言動や感情が、川の流れのように流れ続けて、今の自分があるからだ。

アオイの場合は、子どもの頃から両親、とくに母親のことが大好きだった。

そして、体を動かすことも、ずっと好きだった。ダンスや新体操に没頭してきた話もここで聞いた。

大会で競い合うことに燃えるタイプ。

相当な「負けず嫌い」だという話も、エピソードとともに聞けた。

ずっとスポーツに没頭して生きてきて、大学でもずっと体育会系。目標に向けて練習し、大会で勝ち、達成感を味わう。そんな半生だった。

ところが、そんな自分が属する体育会系の学生たちの多くが、就活をむかえると、キャリアビジョンが見えないまま、なんとなく仕事を決めていた。

「OBがいるから」「監督にすすめられて」

周囲には、流されるままに就職先を決める人が多くいた。そしてその結果、就職先でうまくいかず悩みを抱える先輩の姿もよく見聞きしてきた。

「だから、今の仕事を選んだんです」とアオイは言った。

「なんとなく仕事を決める人も多い体育会系の学生たちが、本当に自分がやりたい仕事、フィットするキャリアに出会えるお手伝いをしたい。そう考えて、新卒学生の中でも体育会系に強い今の就職支援会社に入ったのです。ただ……意気込みだけじゃダメみたいで、本当に私だけ営業成績が悪いんですよ。同期に比べるとずば抜けて悪くって」

そこまでじっくり聞いたうえで、「なるほどな。アオイ、ところで……」と俺は口をはさんだ。

「どこを見ながら、仕事してん？」

自分と同じ体育会系の子たちを支援したい。そんな思いで就いた仕事のはずなのに、彼らではなく、同期のライバルたちばかりを見て、アオイは営業の仕事に奔走していた。

「負けたくない」「彼らにバカにされたくない」

殺伐とした競争心をバネに頑張っていた。

「そんな仕事の仕方って、どうなんやろな。アオイ、気持ちたかぶるか？　ワクワクできてるか？　自分の本心、見てないんちゃうか？」

2章で教えたよね。

アオイはまさに「HAVE　TO（〜しなければならない）」を動機にしてしまい、もともとあった「WANT　TO（〜したい）」の気持ちをないがしろにしていたんだ。

ダンスや新体操で強みにもなっていた「負けん気の強さ」「頑張り屋」というポテンシャルが彼女にはあった。

しかし一番大切にすべき、自分の心や感情を見失ったまま、それらを発動させてしまっていたんやな。だからこそ、空回りするし、心がひとつもときめかないまま、ただただ疲弊していたわけだ。


俺はそのまま「相対・表裏一体」の話をした。

すべてのものごとは2つの相対で、表裏一体だというあれだ。

負けん気が強く頑張り屋という長所を持つアオイは、一方でライバルを気にしすぎてしまい、必要以上に勝ち負けにこだわる短所も持っている。

それはまさに「相対・表裏一体」で、同じことやでと。

もちろん、必要以上に勝ち負けにこだわって、ライバルを気にしすぎながら働く。

それが自分にとってもっともワクワクする展開で、心おどる体験ならば、それを選ぶのも正解だ。ここまで伝えたうえで、俺が尋ねたんだ。

「で、ライバルのほうを見て仕事をしているアオイの心は、今どうなん？」

アオイはハッとした表情を見せたあと、こうこぼした。

「全然ワクワクしていません。『同じ体育会系の学生たちに……』と仕事に就いたのに、彼らのほうを全然向いていませんでした。**自分自身が、心が躍らない『やりたくないこと』を選んでいたんですね……**」

素直さは、武器になる。

ＺｅｒＯ理論のしくみをすっと自分の中に落とし込める。

アオイはそれやった。

「アオイ、それならどうしようか？　自分のワクワクする、楽しめる方向を向いて仕事したほうがええんちゃうか。アオイの持っているエネルギーを、ライバルじゃなくて、学生たちや自分の心に向けてみればどないや」

「そもそも必要以上にライバルに負けたくない気持ちを持っているってことは、その反対、相対する表裏一体のアオイがいるはずよな。ライバルなんて気にせずに、自分の心に正直に、エネルギーをすべて向けられるアオイがいるはずやで」

「アオイ、全部持っているんだから、ＺｅｒＯに戻そう。そこから選びたい自分の働き方、生き方を選択したらええやん」

ＺｅｒＯ理論について語るうち、アオイは涙を流しながらうなずいていた。

思えば、それが切り替えのスイッチやった。

「私、完全に見る方向を間違っていたんですね。今日から人と比べるのはやめます！」

すかさず、俺はこう続けた。

「おいおい！　そこやアオイ。既にハマっとるぞ！」

「えっ？　どういうことですか？」

「**比べるのをやめるのではなく、比べてしまう自分を理解するんや。**比べてしまう自分が既に存在するのになくそうとする行動こそが克服行動になってないか？」

人と比べるのをやめる。これだと今までと一緒や。

あるものをなくすのではなく、あるものを理解するんや。他人と比べたときに自分はどんな思考になってしまうのか、そしてどんな行動を反射的にしてしまうのかを理解して自分を舵取りできるようになることが大切や。

「それが、自分を認め、ゆるし、受け入れ、理解することなんや」と俺は続けた。

「確かにそうですね」

アオイは少し顔を赤らめた。


その日からアオイは変わったという。

ライバルの成績と自分の成績を比べることをしても、それを自覚してZerOに戻る選択ができるようになった。学生や、あるいは企業側が「何を求めているか」「どんな思いを抱いているか」。これまでないがしろにしていた、相手の気持ちに立って動けるようになった。

ZerO地点に立ったうえで、持ち前のエネルギッシュなアスリート気質のアオイのまま、ライバルへの負けん気ではなく「ワクワクと仕事を楽しむ」生き方を選んだ。


アオイの最初のコーチングを終えた1カ月後だった。

前と変わらず胸を張って、背筋を伸ばしたアオイが報告しに会いに来てくれた。前とあきらかに違ったのは、曇りのない晴れやかな表情や。

ええやん。

「御堂さん、見る方向を変えて仕事をし続けていたら、私、月間MVPになりました。先輩から『私だってまだMVPとったことないのに、すごい！』ってほめられちゃって（笑）。めちゃくちゃうれしかった。けれど、もっとうれしいのは、学生たちから『アオイさんのおかげです』ってすごく喜んでもらえたことで……」

印象的だったのは、そのあとにふとつぶやいたこんな話や。

「そういえば、思い出したんですけど、新体操をやっているときも、ライバル選手のことなんて考えず、自分たちの演技に没頭できたときこそ、いい結果が出せていたんですよね」

アオイは最初からすべて持っていた。

エネルギーにあふれて、一生懸命自分の力を振り絞れる力を持っていた。その力をどこを向いて、どう使うか、ってことや。

あなたにもあてはまることやで。

悩んでいることがあれば、思い出してほしい。

「HAVE TO（しなければならない）」思考になってないか？

自分の心がワクワクする場所にいるのか。そもそも過去の自分はどんなときにワクワクしていたのか。「相対・表裏一体」「関係性」をよく噛みしめて自分にあてはめてみたらどうか――。

たいてい悩み事の根っこには、偏りすぎた自分の色眼鏡のレンズがある。

それに気づいて、ＺｅｒＯの地点に視点を戻す。

客観的に数多くの自分を見つめ直して、自分の心と感情に素直になっていきたい場所を目指したほうがええんちゃうかな。

思考の「癖」を見極めたら、変わるチャンスだ

ＺｅｒＯ理論を実践するときに、ひとつ大切なスキルがある。

それは、自分の思考の〝癖〟に気づくこと。


しつこいようだが、そもそもあなたはすでにすべてを持っている。何かひとつに偏った性格でもなく、偏った未来を進むわけじゃない。

けれど多くの人は「自分はこんなものだ」「自分はきっとこうに違いない」と勝手に自分の思考や行動を縛りつけてまうねん。

そして自然と「なるべく新しいことはしない」「挑戦はしないように」とメンタルブロックが働きやすくなるんや。

そのほうが安心できるからな。これはもう思考の〝癖〟や。

こうして人は自分にとって心地よい場所、「コンフォートゾーン」にとどまろうとする。これを「現状維持」とも呼んだりもする。次の章でくわしく話すな。

ただ、このメンタルブロックに邪魔されている以上、ＺｅｒＯの状態にはたどり着けへんねん。コンフォートゾーンから離れない限り、すでにある自分の大いなる可能性の中から、ＺｅｒＯの地点に立つことができない。

本当に心地いい感情。それにつながる思考や行動を選べないんだ。

だから、ＺｅｒＯ理論を実践するなら、自分の思考の〝癖〟を見つけ出し、そこから抜け出す方法を身につける必要がある。メンタルブロックを外して、コンフォートゾーンを抜け出すんだ。

先輩の例から学びとってほしい。ミズキの思考の〝癖〟、そのトリガーは「めんどうくさ」やった。

【ストーリー❷ ミズキ】

「就活うつ」を知ってるやろか？

なかなか内定をもらえない。圧迫面接でボロボロに傷つけられた。内定をもらうために相手に気に入られようと初対面の大人と毎日のように会い、自分の本心ではないことを話さなければならなくてキツい。

就活で感じるストレスから、うつ病になる人が実はけっこう多い。

ミズキもそのひとりだった。

俺の就活セミナーに何度も参加してくれて、そのうちカウンセリングもさせてもらった大学4年生。就活をする中でうつになっていたんだ。

ただ彼女の場合は、内定が出ないとか、圧迫面接が就活うつの理由じゃなかった。就活がスタートしたばかりの頃で、自分が何をしたいのか、したらいいのか、まったく見えずにどうすればいいかわからなかった。

「大学に行っているときやバイトをしているときは大丈夫なんですが、帰ってきてひとりでいると涙があふれ出てくるんです。みんなが『内定がいくつとれた』とか『こんな業界がおもしろい』といった話をしているのに、自分は何かぼんやりしていて、やる気も目標も見えない。自分だけどこに向かってどう就活をすればいいのかわからない。ご飯ものどを通らないし、毎晩、眠れなくて朝日が昇った頃にようやく眠りにつく。そんな生活を送っていたんです」

本当にミズキのような悩みを持つ就活生は多い。
自分が何をしたいのか、どうなりたいのか。
それを考えることのないまま、突然、「どうなりたいか」を問われる。

あらためて自己分析をして、自分探しをする。だからやりたいことがなかなか見つからへんのは、当然やねんけどな。

ミズキは、とくに特徴的やった。

真面目で、努力家で、成績優秀。

中学校、高校、大学とずっと「優等生」で生きてきた。

「ミズキ、でも高校や大学は受験したわけだよね。どうなりたい、と思って志望校を選んだん？」

これまでのことをさかのぼる途中、ミズキに聞いてみると、絞り出すような声で答えてくれた。

「とにかく成績を上げて、偏差値の高い学校にいく。これまではそうやって道を選んできました。自分がどうというよりも、親や先生が安心するし、喜ぶ。成績がいいというだけで、自分が守られる。そんな感覚があったんです。だけど……」

就活はわかりやすい成績や偏差値がない世界だった。
そのうえで、自己分析をすると、本当の自分がどんな人間なのか見えてこない。
誰よりも「自分」というのものを見ないフリをして、誰かが望む自分でいようとした。それがミズキだったんだ。

「なるほどな。ちょっと昔の話も、聞かせてくれるか?」

さかのぼって話を聞いていくと「ミズキの思考の癖のルーツ」は小学校にあった。
ミズキは小学5年生のとき、いじめにあっていたんだ。

「笑い方が気持ち悪い」
「話し方がムカつく」

最初は冗談半分ではじまった悪口が、段々とクラスの数人の間で言われるようになり、幼い心に刺さる罵詈雑言を、ずる賢く、ちいさな声で浴びせられる日々を送っていた。

「先生や親に言うことはありませんでした。当然、悲しくて、怒りも感じました。けれど、自分の感情にフタをしてしまえば、それ以上悪くなることはない。自分さえ我慢すれば、時間が過ぎていつか終わる。ヘタに先生や親にバレてややこしくなるのは、〝めんどうくさい〟。そう思うようになっていたんです」

ココやなと、俺は感じた。自分の感情や心を閉ざして我慢する。

自分より、他人からどう見られるかばかりを考えている。

そんな思考の〝癖〟を持つ人が、よく使うフレーズが「めんどうくさい」であるからだ。

「そうかあ、ミズキ。めんどうくさいんやな。そこがコンフォートゾーンを抜け出すためのカギやで」

「めんどうくさい」とつぶやいて、我慢する。これこそが逃避行動だ。

「どうせ、何も変わらない」「どうせ、時間がたてば終わる」

そう考えて、我慢し続けてきた。それがミズキだった。

「めんどうくさいから我慢して、他人が望む自分を演じてきたんやろ？　でも我慢しているってことは、逆に強烈に自分の中には強い思いがあるんちゃうか？『本当はこうしたい』『ああなりたい』『こんな風になりたい』って」

「え……。あるような気もしますけど、やっぱりそれを見つけようとするのが、めんどうくさ……」

「そこや！　『めんどうくさ』って出てきたらな、やっぱ我慢があるってことで、強烈に表現したい感情が内側（心）にあるということや。それがミズキの思考の癖、パターンや」

『めんどうくさ』は、我慢するミズキがコンフォートゾーンにとどまろうとするときに発動する、思考の癖。

裏を返せば、その反対側には強烈に表現したい自分の感情があって、思わず表現したい自分に向かおうとするミズキもいる。そんなとき、コンフォートゾーンの我慢するミズキが「いやいや。めんどうくさいことになるから、我慢しとけ」「自分の思いより、周囲が求める自分でいい」そんなふうにメンタルブロックをかけてきて、思考させないようにしているわけだ。

けれど、ＺｅｒＯ理論を理解して、思考の癖が「めんどうくさ」にあるとわかったら、もう自分を変える第一歩を踏み出しているのと同じだ。

「表裏一体」の表と裏を同時に見ることはできない。

しかし、表の反対側に裏があると知った人間は、もう裏があると認知して、これからを過ごすようになる。

めんどうくさ……が発動するたびに、「あ、私、自己主張したがっている」と気づける。

「だから、『めんどうくさ』という心のつぶやきを認識したら『チャンス！』やで。そこで自分の表現したい本当の感情を見て、表現する癖をつけなあかん！　でもな。それをやるのは10回中3回でええ。１００％を求めず、少しずつ実践してみな」

「え？　3回でいいんですか？」

「これもよくハマるところやねん。多くの人は『めんどうくさ』に気づいたんやったら10回中10回、表現する自分でいようとすんねん。すぐに100%を求めようとするんや。できる人はいいんやけど、そんなに強い人はなかなかおらんて」

「罠があるからや」と俺はミズキに話続けた。

我慢ではなく表現を選択しようとすると、今度はコンフォートゾーンにとどまりたいミズキが強烈な勢いで「やめとけ」「お前らしくない」「笑われるぞ」といった不安と恐怖の感情をつくってくるんだ。

それに飲み込まれると、今までの慣れしたんだ「コンフォートゾーン」つまり、我慢する自分に戻ってしまう。ここでまた現状維持や。

だから、先回りしよう。

不安と恐怖が襲ってくることも想定内にしておくんや。10回中、7回は不安と恐怖にさいなまれて現状維持にハマってもオッケー！　にしてしまおう。

ただし！　やな。

3回は自分の表現したい世界を選択できるようにしよう。3回でいい。3回からはじめよう。

表現するほうを選んだことで今までないと思っていた世界、想像もしなかった世界が3回も目の前にやってくることになる。それを体験できると、こんなに世界って簡単に変わるんだと気づける。その気づきさえあれば、だんだんと4回、5回と、今までとは違うほうを選べるようになってくる。

すると不思議なことに、今までのコンフォートゾーンだった「我慢している世界」の自分に違和感を覚えはじめる。表現したい自分のほうがスタンダードに変わってくるんだ。

思考の〝癖〟を、ええように変える。ええ癖づけをするわけやな。

自己表現が全部いいのかというと、ときにはTPOに合わせて我慢することも必要になってくる。

今までは無意識に、反射的に我慢を選択していたが、自らがわかって我慢を選択でき、表現も選択できるようになる。

いわば自由自在になるんだ。

「ミズキ、今話したことわかったか？　全部わからんでもいいから、ちょっとずつやってみようや」

伝えると、ミズキはほっとしたような顔で、涙を流しながらうなづいてくれた。

それからもミズキは俺と度々話して、ＺｅｒＯ理論を理解し、身につけていった。

すると、就活に限らず、どんなときでも、「めんどうくさい」って言葉や思いがあふれたときは、3割くらいは「いけないいけない」「おっと、またこの感情が出てきちゃった」と思い返すようになっていったという。

「めんどうくさいと思うということは、私には本心がある。ちゃんと見てみよう」と自分の本当の感情を見ようとするようになった。

「とくに私の場合は、手帳に『今日もめんどうくさい、と少し思った瞬間があったけれど、ちょっとだけ自分の感情を出せた』とかSNSに『今日はこんなことがあって、思わずめんどうくさいと思ったけれど、まあこんな日もある』とか書き出すようになったんです。そうやって感情や思いを言葉にすると、何か気持ちが身近になって、手に取れるような気がしてくる。コントロールしやすくなる気がするんですよね」

そして、どうなったか？

ミズキは、就活中に「ここに行きたい！」とはじめて心が踊った某メーカーに内定。自身の経験を活かして、後輩の就活生が心から納得できる就活をサポートする側にまでなった。

めんどうくさい、そう思わずに。ＺｅｒＯ理論についても話してくれているようだ。

「めんどうくさい」
「まあ、いいや」
「どうせ○○だから」
「……しなければならない」
「○○さんは、どう思うだろうか」
「不安でしかない」
「はじめてだから怖い」

あなたも、あなたならではの、思考の癖があるはずだ。

自分の感情を遠ざけるような、メンタルブロックが働くような思考にさいなまれることがあるだろう。

まずは気づくだけで十分だ。「めんどくさい」「怖い」たとえば、こんな思考の癖が出てきたら、ミズキと同じようにこう思えばいい。

「あ、きたな。私がこう思っているってことは、反対側の感情があるんだ」

「おお。出た。『怖い』って感じている。不安なんだ。逆にこれは自分の中で期待があるってことだ」

少し短めにもうひとり。ある美容サロンで働く、ナカヤマの例だ。

【ストーリー❸　ナカヤマ】

「どうでもいいや……」

ナカヤマの思考の癖はそれやった。

高校を出て、全国チェーンの美容サロンで働き出した1年目。正直、「絶対にこれがやりたい」と願ってついた仕事ではなかった。だからこそ、積極的に仕事に取り組む気力は薄く、言われたことをただやる日々。何か問題が起きても「どうでもいいか」と思っていた。こうしろ、ああしろと指示されたら動く。

けれど、それ以外は自分の仕事じゃない。

すぐにそんな思考になっていたんやな。

ナカヤマにはＺｅｒＯ理論を教えたわけじゃない。ただ、彼女が勤める美容サロンの新人研修の講演で、俺が話をする機会があったんだ。

その後、縁あって10年ぶりに再会し、連絡先を交換した。そこで、「めっちゃ感動しました」そんな出だしの長文メールを俺にくれた。

「御堂先生が新人研修の講演で話してくださったこと、まだ覚えています。そして教えてもらったことをずっと意識していたので、再会できて本当に感動したんです。先生は講演で、『お前らが電車に乗っているやん。社内に空き缶が転がって、カランコロン音を立てています。うっさいなあ、とモヤモヤするやろ。だいたいモヤモヤ、イライラして終わりや。ちゃうよ。うっさいなあ、と思ったら、その缶、ひろたらええやん』そんな当たり前だけど、大事なことを教えてくれました。行動することが大事で、自ら行動しないと、自分の感情は変わらない。逆に自ら動けば環境は変わるし、気持ちも変われるって」

メールはこう続いていた。

「私はお話を聞くまではずっと自分から行動せず、環境のせい、周囲のせい、と思って働いていたし、生きていました。ただ、お話を聞いてからはもう『どうでもいいか』と思うようなときがあったら、あえて自分から動くことにしました。動くようにしています」

実際、ナカヤマは、俺の講演のあとで変わったらしい。これまでの指示待ち人間をやめ、何事も自分から考えて、動くようになった。

周りのせいにしたり、嘆くことをやめて「どうでもいい」なんて投げ出しそうになったら「お、そっちの考え方いっちゃダメ。空き缶ひろおう！」と切り替えるようになった。自分を奮起させるため、ロッカーに『粘る』と書いて貼っていたそうだ——。その結果、彼女は全国1位の営業成績を上げた。粘り勝ちやね。

その後のナカヤマもすごい。ナカヤマは、実績を上げた美容サロンを辞めたあとで、新しい会社に勤めたが、そこでは、これまでの実績をかわれて、社員教育をする立場になったらしい。そこでも、俺が言うのも恥ずかしいけど、たびたび俺のことを思い出してくれたようだ。

一人ひとりに向き合いながら、人を育てる。相手の個性をどうやって引き出せるか考えて、相手のために動く。そうやって、自分がどう見られるかではなく、自分がどうありたいかを意識して仕事をすると、前よりもずっと心地よくなったそうだ。生き方の質がよくなったとも、話してくれた。これはＺｅｒＯ理論が目指すところとも共通している。教えてないんやけど、伝わっていたのが不思議やね。

今、ナカヤマはなんでもできる気がするそうだ。実際に、群馬県太田市で美容サロンを開業して経営。外面、内面、精神面の三面美容を追及し、本物の美しさを顧客へ提供している。サロンの経営をしながら、最終的にはさまざまな原因で厳しい状況にいる子ども、恵まれない子どもたちに、未来を諦めないでと伝える活動をしたいという。

仕事の中で教育というものを突き詰める中で、そんな思いに至ったらしい。

問題が起きたときに、「どうでもいい」なんて言ってたナカヤマはもういない。

それが、俺の講演がきっかけだというのは、本当に光栄なことだと思っている。

思考の癖をつかまえて、感情を味わう。

ないものにするのではなく、しっかりとつかむ。

人は感じたものしか、理解できない。理解できるから、それを手放したり、選択できるようになる。

だからこそ日頃から、自分の感情に向き合う習慣をつけておきたい。

自分はどんなときにワクワクするのか。

今、心地よいのか。腑に落ちてるのか。しっくりきているのかどうなのか。

その感覚を覚えておく。慣れ親しんだ記憶としてとっておく。

もし、あなたも日常で「めんどうくさい」という感情が出てきたら、「どうでもいい」と感じてしまったら、自分の癖に気づき選択してみよう。

ただ、100％を目指さなくていい。まずは30％から。

Zer0の視点で、人間関係は大きく変わる

偏りのないZer0地点に自分の身を置いて、すでにあなたの中にあるあらゆる可能性や多様な性格を客観的に見て、「なりたい自分」「ワクワクする感情」を選んで生きる――。

Zer0理論は、あなたの生き方と未来をガラリと変える。

しかし、それだけじゃないねん。Zer0理論を理解し、生き方を変えると、あなたの周囲も変わる。

クラスの誰かに抱いていた苦手な感情がウソのように消え、気にならなくなる。

取引先の某氏がどうも苦手だったのに、何も感じなくなる。

友達もおらず不遇な日々を送っていたはずなのに、突然、周りに気の合う人たちが増えはじめる。

ちょっと信じられへんよな。あやしい、と思われても仕方ないわ（笑）。

けれど、こうした連鎖がＺｅｒＯ理論を生き方に取り入れた人間の周りには驚くほど、起きるんだ。社会人研修で出会ったナカジマの話をしよう。

【ストーリー❹　ナカジマ】

ナカジマにはじめて会ったのは、新卒１年目の社員のための企業研修だった。丁寧な研修で、数カ月にわたってプログラムを何回か実施した。

その初日、ナカジマの印象はひとこと、「おとなしい」だった。

研修中もどんどん発言するタイプではなく、不動産会社の営業職とは思えないくらい物静かなやつだった。

ただ研修でＺｅｒＯ理論の話をしたあと、きっと何かが変わったんやろな。そのあとの休憩時間に、真っ先に俺の名刺をもらいにきたのもナカジマだった。今思えば、現在の自分に何か引っかかりを覚えていたのかもしれない。

初日の研修から少し経ったある日、ナカジマから連絡があり、一対一のカウンセリングをすることになった。

話を聞いていくと、彼は高校時代につらい経験をしていた。

もともと彼は帰国子女で、高校には1年生の半ばに途中編入で入学した。だが、うまく学校に馴染むことができず、3年間で友達はひとりもできなかったという。しまいには進路のことで担任教師と揉めて、いよいよ学校での居場所がなくなった。

「どうせ自分には友達なんかできない」「頑張っても何も変わらない」

失敗するくらいなら、とナカジマは自分を押し殺して3年間を過ごした。
それは次第に、強い自己否定に変わっていった。そこでナカジマは、失敗しない保険のために自分を抑え込むクセがついてしまった。

ただ、本当のナカジマはおもしろいものを持っていた。聞けば、大学時代は美術部に入って、持ち前の独特な感性を発揮して活躍したそうだ。そこで作った作品を少し恥ずかしそうにしながら、それでもうれしそうに見せてくれた。友達同士の会話ではノリツッコミをするくらい、明るい一面を持ちあわせていた。

俺はナカジマに言った。

「自分を抑え込むってことは、本当は表現したい自分があるってことやん。それを表現したらええねん、他人の目なんか気にすんな」

「自己否定が出てきそうになったら、『ん？　ということは、自分のことが大好きな自分もいるってことやな』と思う。**マイナスの自分に引っ張られてもいい。でもプラスの自分がいるってことに気づくことが大事やで**」

そのカウンセリングを機に、研修の回を重ねるごとにナカジマは変わっていった。グループワークでは持ち前の感性と独創性を活かして、アイデアを出すようになった。これまでは言いたいことはあっても、言うことができずにいた。

またナカジマはワードセンスや文章力にも優れていた。プレゼンテーションの原稿やキャッチコピーを考えさせると、いつもおもしろいものをひねり出していた。そういったワークでは中心的な役割を果たすようになった。

彼は研修中にこうも言っていた。

「自分の表現したいことを出そうとすると、『恥ずかしい』『笑われるかも』という気持ちがこみ上げてくるんです。以前はそこでやめてしまっていました。ですが、最近は『あ、保険をかけようとしている。いつものクセだな、知ってる、知ってる』『ということは、表現したいと強く思っている自分もいるってことだな』と考えるようにしているんです」

ナカジマは、次第に研修のクラス内でもひと際目立つ存在になっていき、クラスでの人間関係も大きく変化していった。

以前の彼には、素の自分のまま初対面の人と気さくに話せるようになるなんて想像すらできなかった。だが、クラス内での友達も増えていき、イキイキと研修を受けるようになったんや。

俺とは16年以上のつきあいになる、やじんって友達がいる。

次はやじんのストーリーだ。

【ストーリー❺ やじん】

やじんとは、ふらっと立ち寄った本屋で運命的に出会った。恋愛映画みたいな出会いやろ（笑）。彼は当時、ラグビーの日本代表にも名を連ねていた現役ラガーマンだった。出会ったときから気が合ったが、あくまで飲み仲間でＺｅｒＯ理論やメンタルについて深く話すことはなかった。

やじんは、日本代表時代、当たり前かもしれないが必死に頑張っていた。ただ、頑張っても頑張ってもワールドカップで勝つことができず、つらい時期もあったという。世界で勝つ方法を模索し、いろんな本を読み、さまざまな勉強会、講演会に顔を出し、強くなるためにありとあらゆる方法を学んでいた。そこで、体だけを鍛えてもダメだと気づく。心と体を同時に磨き、一致させることが必要だと感じていたときに、俺と仕事の場で会い、今まで話したことがなかったメンタルとパフォーマンスの関係についてお互いの考えを話すようになったんだ。

俺は俺で、そのとき、心と体を一致させるものを探していたこともあり、やじんの話はとても興味深かった。こうしてやじんと俺はより深い話も共有できる仲になっていった。

やじんといつものように飲みに行った日のことだ。

そのときのやじんは、ラグビーは引退し、一般企業で働いていた。

「実は悩んでいるんだよね」

さっきまで楽しく話していたはずだったのが一転。やじんの大きな体から、吐息まじりの小さな嘆きが漏れた。

聞けば、趣味のコミュニティの中でいつもぶつかってしまう人がいて、人間関係がうまくいっていないらしい。

「相手からいろいろ言われると、僕もカッときて言い合いになる。それが嫌なときは、無視しているんだけど、それもストレスがかかる。そもそも、言い合うか、無視するか、そんな幼稚な対応しかできない自分が、嫌になっているんだ……」

やじんはラガーマンだった頃、壁にぶつかったとき、いつでも「乗り越えてやる！」と克服行動を繰り返してきた。闘争本能をむき出しにして、立ち向かうことこそ正義だと思っていた。けれど、それが無理だとわかると、違う「とうそう」に逃げてもいた。「逃走」やな。

やじんの行動原理にあったのは「自分を認めてない」ってこと。
問題行動をするような人と対峙したとき「嫌だな」「苦手だな」と感じる。
感じて〝しまう〟。

そんな自分の弱さみたいなもんを、自分が一番認めたくないと感じていた。

けれど、自分の中にある感情なのに、それを否定して「いかん。逃げちゃダメだ！」と無理に立ち向かったり、あるいは「逃げないと」とほっぽりだしたら、どんどん自分の中にしんどい気持ちがオリのように溜まっていく。

気持ちは落ち込み、表情も変わり、自動的に闘争と逃走を繰り返し、また気持ちが落ちる――。

そうやってブラックホールの中に落ちたようになっていたんやな。

そんなやじんに俺が伝えたのが、これまであなたに教えてきた考え方。ZerO理論だった。「相対・表裏一体」「関係性」「外側に感じたものを内側に戻す」や。

「あ、こんな思考の癖がついている、あかんあかん！　って気づくだけでちゃうで」

「嫌やなという自分を認めてあげてええんよ。だからZerO地点に立てるんだから」


ZerO理論を伝えたあと、彼はあきらかに変わった。

人に何か言われても、戦わず、逃げない。しっかりと聞いて受け止めて、そうかそうかと、対話する。嫌やな、でも、自分はどうしたいんかな。そんなありのままの自分を受け入れられたから、相手のことも受け入れられるようになったんやな。だから、返す言葉も高圧的ではなくなり、対話型になっていった。表情からは硬さは消え、柔和な顔でいられるようになった。

ものごとがすぐさま解決する、なんてことはなかったが、自分の気持ちが混乱するような時間はなくなった。

その心地よいバイブスは周りにも伝播したそうだ。数カ月後、やじんは言った。

「嘘みたいに、コミュニティ内の人間関係がよくなった。ぶつかる人と縁を切ったわけではないのに。前のような揉め事がなくなったんだ。自分の意識が変わったら、

なんか相手や周りまでニュートラルになったんだよ、不思議だよな（笑）」


ＺｅｒＯ理論が影響を及ぼすのは、あなたの心と未来だけじゃない。

あなたの周囲や身近な人々の心と未来も変えるんだ。

ＺｅｒＯ理論の実践が、人生の道を拓く

この章の最後では、あらためて「ＺｅｒＯ理論を実践することが人生の道を切り開くことになる」ことを強調したい。

「どうせ俺なんて……」と、一歩踏み出す前から目を閉じがちな人。

「私は〇〇だから……」と、開いている扉を自分で閉める癖がついている人。

あなたがそうしたタイプなら、なおさら今、Jリーグのプロチームで活躍している、ギジョウの話に耳を傾けてほしいねん。

【ストーリー❻ ギジョウ】

ギジョウが俺を知ったのは、大学3年の終わりの春、就活の合同説明会だった。俺はそこで就職活動の在り方、及び自己分析に関する講演をしていた。「プロアスリートも実践する自己分析」と銘打っていた講演だったため、ギジョウは気になって、耳を傾けてくれたらしい。

というのも、ギジョウは小中高、そして大学までずっとサッカーに打ち込んできていた。U16の日本代表に選ばれたこともあるほどのすばらしいアスリートだったんだ。

ただ当時ギジョウには悩みがあった。

大学のサッカー部でもレギュラーとして活躍していたが、そのままプロ選手になるか、いや、「なれるか」に不安を抱いていたんだ。

なぜか？

Jリーグにはプロ野球のようなドラフト制度がない。

大会や試合を通して、国内外をかけまわるクラブのスカウトの目にとまるか、各チームが実施するトライアウトと呼ばれる練習参加によるプロテストに合格するか、ほぼこの2つしか道がない。

どちらも狭き門なうえ、大学4年のギリギリの段階までプロになれるか否かが決まらないことも多いんだ。

いざ卒業間際になって「プロ選手になれなかったから、今から就活しなければ！」なんてあわてても、もう後の祭りよな。だから、ギジョウは迷っていた。

「サッカー選手にはなりたい。けれど、リスクが高いから就活もしておこう」

そんな気持ちで、その合同説明会にも参加していたってわけや。

ギジョウはそんな悩みを持っていたから、講演終了後、「個別で質問受けるよ！」と伝えたときも、列に並んできた。そのときは大体30人以上の人が並んでいたんだけど、その列の最後のほうにギジョウはいた。

彼がそのときしてきた質問は、「サッカーでプロを目指すか、普通に就活したほうがいいか、どう思いますか」というものやった。悩んでいたんやから、当然の質問やね。

でもそこで俺は、間髪に入れずにこう言った。

「アホか。就活を保険にしているやつがプロになれるか。プロになりたいんやったら、就活なんて今すぐやめてまえ！」

ギジョウはあとで「あの言葉には、衝撃を受けました」と教えてくれた。それまでそんなはっきり言われることはなかったからかもしれない。周りからも、「選手を目指しながら、就活を続けるのが一番じゃない」とアドバイスされる場合がほとんどやったろうからね。

けれど、ここまで読んだ人ならわかっているはずよな。

自分の道は、自分で選べるんだよ。

その後、個別に深く話せる機会があり、俺はＺｅｒＯ理論をギジョウに伝えた。ＺｅｒＯの地点に立って自分の心に正直な道を選べばいいだけ、という話もした。正直、最初は理解するのに苦しんだようだが、でも何かがギジョウの心に残ったらしい。

ギジョウは、その後、何度も何度もオレのセミナーに参加をしてＺｅｒＯ理論の深みを聞きに来た。ＺｅｒＯ理論の3つの要素「相対・表裏一体」「関係性」「外側に感じたものを内面に戻す」——。すべてを貪欲に理解しようとしてくれたんだ。

そしてギジョウがＺｅｒＯの地点から選んだのは、プロサッカー選手への道だった。

だって、サッカーをしている自分、Ｊリーグの舞台で活躍している自分、日本代表としてピッチに立つ未来の自分……。想像すると、そのほうが心がワクワクしていたからだ。

そこからギジョウは就活をきっぱりやめて、サッカーに打ち込んだ。

練習でも試合でも、プロを目指して邁進した。

途中、チームメイトや同期の選手たちが、スカウトから声をかけられるのを知ると、動揺して不安や焦りが頭をもたげることも当然あった。

けれど、「不安があるってことは、同じくらいの期待が自分の中にあるんだ」とＺｅｒＯ理論を実践し続けた。逃げたり、見えないふりをしたりすることやそのマインドがきてもＺｅｒＯの地点に戻り、自分軸をブラすことはなかった。

こうしてＺｅｒＯ理論を実践するうち、試合中のメンタルも落ち着いてきたという。

緊張も不安もあってもいいものとして受けとめて、いつもブレない自分のまま試合に臨む。そうすることで、ギジョウの持っているポテンシャルを最大限発揮できるようになった。結果は当然ついてきた。

ここぞってときの大事な試合であっても、アシストやゴール、すばらしいプレイをコンスタントに出せるようになっていったんだ。

「練習に参加してほしい」

あるプロチームから声がかかったのは、半年がたった頃だった。

トライアウトの誘い。

そこでも、日々ＺｅｒＯチューニング（２３４ページで紹介）とＺｅｒＯ理論、そしてメディテーションを行い自分と向き合ってきたことをベースに、すばらしいプレイができた。ZerO理論で、ブレても、ブレてる自分に気づけ、もとに戻れる自分軸を手にしたんだ。

結果は先に言ったとおりだ。

いま、某サッカークラブで、ギジョウは活躍している。そのギジョウからたまにメールをもらう。あるときは、こう言っていた。

「ZerO理論によってサッカーに、心穏やかに取り組めた。そのこともうれしいのですが、日々、こうしなきゃいけない、ああしなきゃいけない、と自分を縛って考えなくなったことがとてもよかったです。ありのままの自分で、ラクに今を生きている実感があります」

自分の敵は、いつだって自分だ。

なりたい何か、行きたいどこか。それがあるなら、諦める前にＺｅｒＯになってみようや。そしてワクワクするほうを選べばいいんだ。

あなたは、今を生きていますか？

第5章

「ZerOな自分」で居続けるために

ZerO理論の実践は、体づくりと共通する

ZerO理論を理解し、その効果と実践法を学んだあなたに、最後に伝えたいことがある。

ZerO理論は、体づくりととてもよく似ているということ。

コツコツと続けて実践しなければ、元に戻る。途中で投げ出したら、また「偏った自分」「HAVE TOに引っ張られる自分」に戻ってしまう。自分の感情よりも周囲の期待や空気にしたがうあなたに戻ってしまうんだ。

もっとも、ダイエットや筋トレを続けた結果、体質が変わってくるよな。

ブレない自分軸を持ち、ZerO地点にいる自分が「当たり前」になったなら、

生き方、在り方、物事の捉え方が変わる。

補助輪なしの自転車に最初に乗ったとき、あなたもフラフラと怖かったんちゃうか。何度も練習し、何度か転んで、どうにか乗れるようになって、喜びを感じたと思う。そして、次第に当たり前に自転車に乗れるようになる。

すると、「自転車を乗れないようになってください」なんて頼まれても、無理やんか。

ZerO理論を理解し、意識し、実践し続けることで、「ZerO理論を使わない」ことができなくなる。

今のあなたには想像もつかない人生が送れるはずだ。

「心を亡くす」と書いて「忙」しいと読む。

日々の忙しさに追われ、こなすことばかりにとらわれると感情を蔑ろにすることになり、「体感」「実感」をすることなく、流れるようにときが過ぎてしまう。

自分自身を深く理解するには、ときに心穏やかに自分をゆっくり見つめる時間も大切だ。そんな話もこの章で話していきたい。

ＺｅｒＯ理論を知識として知るだけでなく、実践し続けていけば、人生がより味わい深い素敵なものになると、確信している。

さあ、最後の章は、そのためのレッスンだ。

瞑想で、ＺｅｒＯに戻る方法

ＺｅｒＯ理論を知ったあなたに、ぜひともやってほしいことがある。

それは何かというと、メディテーション（瞑想）や。


なぜか？

瞑想をすると、客観的に捉える感覚が自然と身につくようになるからだ。

人は放っておくと、ああでもないこうでもないと思考をめぐらせすぎたり、これからの予定や未来について考えすぎたりしがちになる。「考えたらあかん」「今に集中せな！」と焦るほど、考えすぎたりするよな。これはコントロールするのは難しい。

だから、身体的な動きと呼吸でコントロールするんだ。それが瞑想。

呼吸に集中することによって、ニュートラルな自分を取り戻す。自然体の真ん中の自分をつかみとるんだ。


ようするに瞑想によって、ごくごく当たり前にZerOの位置、ZerOの視点に身を置けるようになるんだ。

ちなみに海外では、従業員向けに瞑想を取り入れている企業が多い。健康リスクの低下、生産性の向上など、個人の心身に多くのプラスの効果をもたらすことが証明されているからだ。

ただ「瞑想」というと、大丈夫？　怪しくない？　と思う人もいるんちゃうかな。かつての俺も抵抗があった。宗教的な匂いもちょっとするからね。だから、何度か瞑想にチャレンジしたことはあったけれど、無になろうと思えば思うほど無になれず、継続せずにすぐにやめていた。変わったのは、あるドクターからは「瞑想は脳神経科学と深く関わりがあり、科学的に効果が証明されている」と教えてもらってからだ。とりあえず5分間だけ瞑想をしてみることにした。

この5分瞑想をだましだまし3カ月続けるうちに、心身のバランスが整い、深い睡眠を取ることができるようになり、仕事も人間関係も充実するようになってん。

そして以前は瞑想に対して大きな3つの誤解があったことに気づいた。

呼吸を意識することは、「ZerO」を意識すること

瞑想への誤解の1つ目は、「瞑想はこうでなければならないと思っていたこと」。

瞑想には幅広いジャンルがある。たとえるならスポーツのようなものかな。スポーツとひとことにいっても、サッカー、野球、ラグビー、バスケ、ゴルフなど、たくさんのジャンルがあるよな？　瞑想も同じように、マインドフルネス瞑想、ヴィパッサナー瞑想、ボディースキャン瞑想と、たくさんの種類が存在する。それぞれフィットする瞑想を探せばええってことや。

2つ目、「宗教や思想と紐づけがちになること」。

瞑想の歴史をみると、紀元前、インダス文明が栄えたころから、すでに行われて

いたそうや。それから、さまざまな宗教でその教えを理解するため、実践するために行われてきた背景がある。

ようするに瞑想は特定の宗教や流派のみが行うものではなく、無宗教でも、どのような宗教を信仰していても、行うことができるということやね。

3つ目、「瞑想＝無にならなければならないということ」。

肉体を持っている以上、そもそも「有」の存在である。そのため、なかなか無になることは難しいもの。無にならなきゃ、瞑想なんだから、と思いすぎると、やっぱり心は落ち着かんわな。もっと軽い気持ちでちょっとずつ試していけばいい。

こうした誤解を払拭したうえで、ここでは「呼吸」について触れていきたい。

瞑想を行うにあたって、今ある感覚に集中しようとすると「こんなことをして意味があるのかな」「うまくできてるかな」と思考がグルグル回りはじめる。

これは思考の自然な働きであり、決して失敗ではない。

ただ、この思考に気づいたら、良い悪いというジャッジをすることなく、呼吸に意識を戻すようにしてほしい。

なぜ呼吸なのか？　不安や恐怖とは、まだ起こってもない未来に対して感じている感情であり、意識が未来にある。また、「ああしとけばよかった」「こうしとけばよかった」と思うこともよくあるよね。これを「後悔」と呼ぶが、ようは意識が過去にあるってことだ。

「意識の分散」とも言う。こんな意識の分散状態をくぐりぬける術が、呼吸にあるねん。

俺たちは生まれてこの方、寝ている間ですら呼吸し続けている。あなたの感情が喜怒哀楽どのような状態でも、今こうして本を読んでいる間も呼吸している。

それなのに、１つ前の呼吸の再現はできないし、１つ先の呼吸の実現もできない。

今、ここにいる瞬間の呼吸しかできないんだ。

ようするに、呼吸は今現在の後にも先にもない、今だけのものだということ。**ただただ呼吸を意識する。その行為は「今、ここ」に意識を集中することにほかならない。**「今、ここ」に意識を戻したとき、そこには不安も恐怖も後悔もない。ニュートラル＝ZerOの視座にいられる。

そして心落ち着き、穏やかなとき、自分の感情を捉えられる。そこから感じた感情を静かに眺めて、選択をするだけや。

ただやっぱり瞑想も、ダイエットや筋トレと同じ。知る、知っているではなく、やり続けるのが大事だ。論理的で効果的な〝体づくり〟の方法を学んだとしよう。なるほど！　と、言われたとおりのトレーニング法、食事法などを一生懸命学んだだけでは意味がない。実践しなければ身につかない。

少しずつでもいい。継続してみてや。

ZerOチューニングで、心身を整える

健全な肉体に健全な精神は宿る。なんて言うよな。
ZerO理論においても、体が資本。体のコンディションが整っていなければ、ZerO理論もうまくいかない。ここでは心身のコンディションの整え方について触れたい。

心身のコンディションを整えるうえで大切なのがホルモンだ。
「幸せホルモン」って聞いたことある?

ドーパミン、オキシトシン、セロトニンと主に3つあるんだけど、その中でもとくに大事なのが、セロトニン。

感情にかかわるホルモンで、幸せを感じるかどうかはコイツにかかっているという。また、セロトニンの減少は不安や焦燥感の増大・情緒不安定につながる。ZerO理論を実践するにあたって、このホルモンが正常に分泌されているか、いないかは、とても重要だ。

このセロトニンを分泌するのに一番簡単な方法は朝日を浴びること。

次によいとされるのが、リズム運動。ウォーキングやランニングなどの体を一定のリズムで動かす運動やね。体を一定のリズムで動かすと、自然と呼吸も整って瞑想状態にもなれるんや。

朝日を浴びながらのウォーキング、ランニングもいいけど、リズム運動を実践するのに負荷が少なく簡単にできておすすめなのが、「ZerOチューニング」という運動。実はこの運動は4章にでてきたやじんに教えてもらったものだ。

俺も日々取り入れている。

次のページから紹介するからぜひ、試してみてほしい。

呼吸が整い、さらに深い呼吸のリズムが一種のリズム運動にもなり、セロトニンもしっかり出るはず。

1日1回行うだけで、心穏やかな状態がつくられ、体もラクになる。自分にとっての心地よい選択もしやすくなるはずや。

ZerOチューニング

お腹にあるポイントに手を置き、深い呼吸をするのがZerOチューニング。規則的な呼吸と「手当」の効果で、心身を整えます。

手を置くポイント

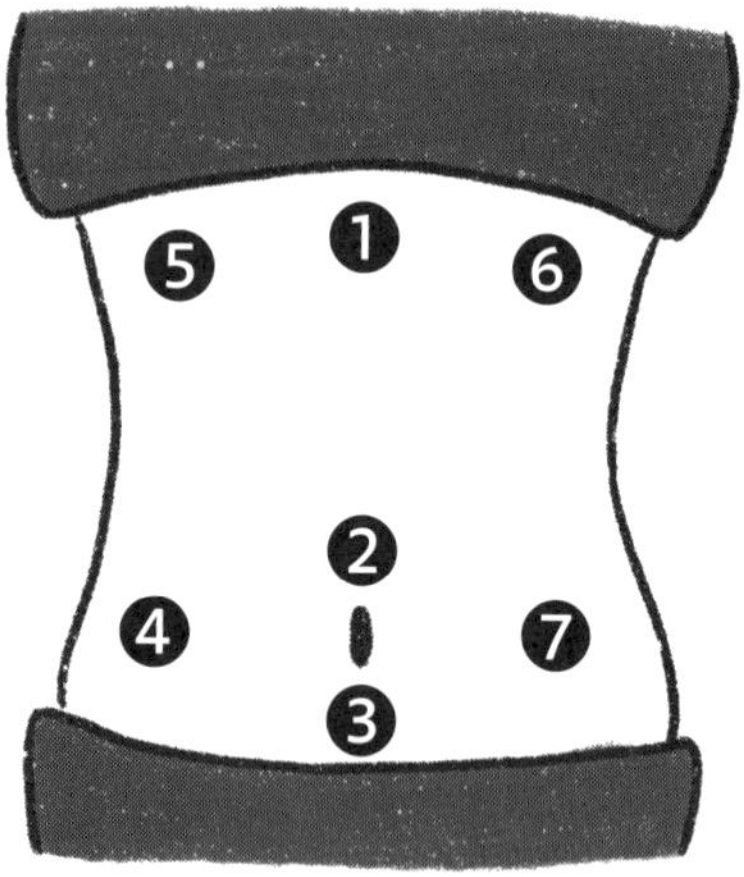

＊内臓疾患のある方、妊娠中の方は、ポイントを強く押さず、手を当てるだけにしましょう。

やり方

① 膝を立てて仰向けになります。両足は肩幅程度にひらきましょう。この体勢で234ページのポイント❶に両手を上のイラストのように置き、お腹をふくらませながら3秒間かけて鼻から息を吸い込みます。

② ポイント❶を押しながら、10秒間かけて口から息を吐き出します。このとき、お腹は凹ませてください。

③ ①と②を3回繰り返します。

④ ポイント❷～❼も、ポイント❶と同様に順番に行います。

ホメオスタシスの罠から抜け出すには

自分がどんなときに心がワクワクしているか。

自分の感情を理解したうえで、ＺｅｒＯの地点に立って、そこからなりたい自分を選ぶ。心躍る生き方を選ぶ。これまで何度も繰り返してきたが、ＺｅｒＯ理論に大切なのは、そんなフラットで客観的なＺｅｒＯの地点に立つ癖をつけること。

けれど、まさにこの習慣の癖づけが難しいんよな。

俺たち人間の脳には、「現状維持メカニズム」があるからだ。

ホメオスタシスという言葉を聞いたこと、ない？　恒常性ともいわれるが、ようは「外部環境がどうであろうと、体内の状態を元の状態に戻そうとする生理的な機能」のこと。現状維持しようという、無意識の力だ。

たとえば、どんなに寒い冬の夜でも、どんなに暑い夏の日中でも、俺ら人間は体温を36度前後に保とうとする。細菌やウイルスが体の中に入ってきたら、咳をしたり熱を出したりして、そうした異物を排除させようとする。

そう、どちらかというと、俺ら人間がより生きやすいように、健康でいられるような機能がホメオスタシスなんだ。

ところが、これも表裏一体なんだよね。

生きやすい。健康でいられる。そのためのリスクを減らすのに最適なのが、今いる状態をなるべく離れないことだ。ホメオスタシスには、今いる場所を心地よい場所（コンフォートゾーン）と認識して、動かないようにする働きもある。

逆にいえば挑戦したり、変わろうとする人にとってはこの現状維持メカニズムが邪魔にもなりえるってわけだ。

だから、本を読んだりして心に刺さったとしても、実際に行動する人は5％足らずだという。心に響いて刺さっているにもかかわらず、新しいことに挑戦する人はめっちゃ少ない。

むしろ行動して今と違う変化が起きても、すぐに行動をやめてしまう人がほとんど。95％の人が、そんなタイプだ。これを一般的には「三日坊主」という（笑）。

しかし、この95％の側の人間から、5％側へと移動する術が、ＺｅｒＯ理論であるともいえるんだ。

では、ホメオスタシスの罠から抜け出すにはどうすればいいか。

「自分自身を理解し慣れる」に限る。

ＺｅｒＯ理論を知ったあなたは、もう「相対・表裏一体」と「関係性」を知ってしまった。だから、ポジティブなあなたの裏には、同じくらいのネガティブがあることも、不安を感じるあなたの反対側に、同じくらい自信や期待があることも気づいている。

たとえば不安を感じたとき、これまでなら「怖い！」「嫌だ！」「逃げ出したい！」と思い、克服行動か逃避行動を無意識に選択していたが、ZerO理論を理解しはじめたあなたなら「あれ……不安を感じているってことは、同時に期待や自信があるってことだよな」と脳裏に浮かぶ自分に気づくはずだ。

前章のミズキのエピソードを思い出してほしい。
コンフォートゾーンではない自分を選ぼうとすると、今までのコンフォートゾーンの自分が不安と恐怖を煽ってくる話をした。

自分の思考の癖に気づいたら、「感情がひとつではない」「ZerOの地点があるはずだ」と導き出そう。

そこで感じた不安と恐怖もしっかりと捉え、自信と期待があることに気づけたら、またその先に進める。

「自分の心地よい場所はどこだろう」

「変えた場合と変えない場合の、どちらが楽しそうか」

「どちらの自分に憧れるか」

「どちらの自分が快適そうなのか」

イメージして、心躍るほうを選択して自然と探すようになる。

何度も言うが、この選択はＺｅｒＯの地点にいてこそできる。ただつらいときほど、なかなかこのような思考ができないことも事実。

大丈夫。そんなときこそ心穏やかに瞑想を。呼吸を整えて、続けてみるんだ。

最初は怖いし、しんどいかもしれん。現状維持しようとしている自分に抗《あらが》うわけやからね。ただ、それは筋肉痛と同じようなもんや。

筋トレに慣れていないと、最初は少しの負荷で筋肉の痛みを感じる。筋肉痛を感じたということは、それだけ頑張ったということ。そして次第に、当たり前のように、ワクワクや情熱を感じる自分をより理解できるようになる。

自分の内側にある情熱に気づき、自由自在に自分の生き方を選択できるＺｅｒＯの地点をつかんでほしい。

自分の感情を色で表せますか？

自分の感情に気づくことも、ＺｅｒＯ理論を続けていくには欠かせない。
自分の今の感情に気づけなければ、どうなりたいかもわからない。
これでは、よい選択などできないだろう。

しかし、現代人は自分の感情をつかむのがヘタになっている。

感じるより考えろ。考えるより動け。言われたとおりに動け。
そんな社会と教育が、長らくはびこってきたからだ。

だから、日頃から感じる力を養うことが必要だ。**日常の些細なときの自分の感情の起点を意識してみる。**

たとえば朝、目を覚まして、家族に「おはよう」と声をかけるとき、どんな感情か。その後、鏡の前で歯を磨くとき、どんな感情か。そのまま朝食を食べるときにどんな感情か……といっても、「どんな感情やねん！」と最初は戸惑うばかりだと思うわ（笑）。

怒りや悲しみ、といった激しい感情ならともかく、日常の些細な感情はつかみにくいし、言語化しにくい。

だから「色」で例えて頭の中でその色を見るねん。

朝、目を覚まして、家族に「おはよう」と言った。そのとき、あえて頭の中に色を浮かべたら何色だろう？

鏡の前で、自分の姿を見ながら歯を磨く。少しだけ頭の片隅に、今の感情を色で例えて、見てみよう。青系だろうか、赤系だろうか、あるいは黄色とピンクというように単色ではなく、混色で例えるのもありや。

そのように「色」であてはめていくと、段々と自分が「心地がいいとき」「他人の目を気にしているとき」「緊張しているとき」「悲しいとき」「うれしいとき」「ワクワクしているとき」に、どんな色みを感じているかが見えはじめる。

「週末、あんなに楽しかった瞬間に、黄色を感じていた。今日、あの仕事をしているときも黄色だったな。僕には向いているのかも」とか。
「イライラしていると、どうも茶色系が多いような気がする。今もちょっと茶色を感じちゃっているな」といった具合に、言葉にするよりも素直にシンプルに、自分の感情をつかみやすい人もいる。

そのためにもすべてじゃなくても、感じた色を手帳やスマホに、そのときのシチュエーションとともにメモをとっておくのがオススメ。

実際、俺はアスリート向けのメンタルトレーニングをするときに、この色によるイメージングを実践することがある。

感覚的な繊細さを持つ彼らの多くは、言葉にするよりも色のほうが自分の感情を表現し、つかみやすいタイプの人もいるからな。

調子が抜群によく、思考も体も思った通りに動けるとき、何色が見える？　ときには何色に感じる？　と問うと「白色」「黄色」と答えるアスリートもいる。

スランプのときは、やはり「黒」が多い。

色で自分の感情を見るときの参考にしてほしい。単色でも混色でも何でもいい。

今この本を読んでいるあなたは、何色を感じている？

黒、ちゃうよな（笑）。

自由自在が、ZerO理論の本質

思考の癖に気づき、感情を意識する生活を続ける。

そのうち本当に自分のいろんな感情を感じやすくなる。ワクワクしている、心地いい、楽しい。もちろん、そういった感情ならいいが、腹立たしい、悲しいといった不快な感情にも、かつてよりは敏感になる面もあるやろな。

ただ、「それでいい」と知っておこう。

腹立たしい感情の裏側の自分の想いも汲みとれるようになってくるしな。

では、感情に敏感になってきたらどうすればいいか？

まずそれを味わいながらも、不快な感情だったならば、「さっと手放す」イメージを持つことや。見ないようにするのではなく、あるんだと認め、執着せず手放すねん。

陰も陽もあっていい。プラスとマイナスがあって当然。いいもの、わるいもの、心地いいもの、心地よくないもの。どちらもあると理解して、一旦まるっと認識する。すべてを自分の中で認識するということは、自分の中のすべて、白も黒も、陰も陽も、自分の中で「統合」するということでもある。

ちょっと難しい話なんやねんけど、光も影も、プラスもマイナスも、ポジティブもネガティブも、その相反するように見える両端が、どちらも自分の中にあると認めると、大きな意味でバランスが整う。

そのうえで、何を選ぶか、そこから探し出せばええねん。

自分の感情は、自分が思った通りに手放せるし、引き寄せもできる。

それを実感するうちに、また当たり前にできるようになっていく。

大切なのは、統合された視点、ZerOの場所に立って、自分で選ぶことやからな。

俺には大切な時間がある。

それが娘との週末の瞑想、メディテーションの時間だ。

少し前、当時小学2年生だった娘から「なぜパパはいつも目を閉じてるの?」と聞かれたことがあった。オレはこう答えた。

「あのな、目を閉じたらな、心の声が聞こえて見えてくるねん。目を開けてたらいろんなものが目に見えるし、たくさんワクワクできるやろ。でもな、目を閉じたらな、目を開けているときと違った自分に会えるねん。いろんなときのことを思い出して感じたり、これから起こる未来のことも感じられるし、見ることができる。心ははじまりも行き止まりもないやろ。制限のない自由自在や(笑)。どんな自分に会えるのか? それが、楽しみやねん」

すると娘の口から思いもよらない言葉が返ってきた。

「パパ、それって宇宙みたいだね。宇宙の始まりも行き止まりもわかんないもんねえ」

娘のこの言葉に衝撃を受けたことを今でも鮮明に覚えている。

そう、俺たちの中には宇宙が存在する。

一人ひとりの心の内に、無限の可能性が大いにあるということだ。

「自由自在」という言葉がある。

「自らに由（よ）って、自らの在（あ）り方で生きる」といった意味らしい。

いわば「他の何かに依存なんてせず、自分が感じた心のままに道を歩いて生きようや」ってことだ。自分軸を持って、無数にひろがる自分が進みたい道を心のままに歩いていくのが幸せちゃうんかな。

他者や世間や隣の誰かに、あなたの行く道をゆだねている場合じゃない。

自分だけの軸、自分軸を見つけるんだ。

軸なんだから、すべての真ん中である必要がある。

「統合」されたＺｅｒＯの地点、ニュートラルな意識をベースに生きるんだ。

これからあなたは、自由に、自分の在り方で生きていける。自分の人生を意のままに振る舞っていける。

軸に戻って生きることは、統合された今を生きることだ。

そして、統合によって、未来も過去もすべてが今に「在る」ようになる。

統合された今、あなたはＺｅｒＯの視点にいる。もちろんレンズは透明だ。

その透明のレンズに気づくと、過去も未来も「透明の目」で見えるやろう。

こうして、未来も過去も透明のレンズになったら、まさに真の「統合」そのものになる。

想像を超えたあなたの人生を自由自在に生きられるはずだ。

おわりに

「やっと出来上がった」というのが正直な感想です。

まずは関係各位の皆さま、本当にありがとうございました。チームを組んでから完成まで過ごしていく中で、編集長から言われたひとこと「『本は生みの苦しみ』がありますから」。これが本当に今だからわかる（苦笑）。

深みがズッシリと感じられています。

何よりも自分の頭の中の整理が一番できたなと感じています。「ＺｅｒＯ理論」の実践は、自分の内側への終わりなき自己探究でした。そのため、本を書き出した当時よりも、今の自分のほうが、感性により深みと味わい深さがあり、感覚がアップデートされていくことでの表現の微妙なズレ、ここを何度も何度も調整してやっと完成しました。

そして、何度も何度も納得のいく最後まで、原稿の書き直しにつき合ってくださったスタッフの皆さんに感謝しています。

特に原稿締め切りの直前まで青春出版社の皆さんのチームワークでもってサポートしてくださいました。僕の想いをしっかり最後まで汲み取り尊重してくれたおかげで、今の自分の表現したい想いが最大限に入っている一冊になりました（正直、ここまで気持ちよく仕上がるとは思っていませんでした）。このような機会を設けてくださり、ありがとうございました。妥協せず最後まで向き合い、自分の想いを本というかたちにできたこと、この上ない喜びです。

この本を書くことで自分が一番得るものがあったと思っています。

少しでも多くの人が「ＺｅｒＯ理論」を手にして、より豊かで幸せな人生を送られることを心より願っています。

改めて、携わってくださった青春出版社の皆さん、手島さん、なっちゃん、箱田さん、今日子ママ、そして本書に登場する体験談のアオイ、みずき、ナカジマ、かおちゃん、やじん、ギジョウ、みんなありがとう。

そして、何よりＺｅｒＯ理論を深めるにあたり、妻、子どもたちの存在がなければ、この本は書けなかったと思います。俺にとっての最幸のパワースポットでもあり、ＺｅｒＯ理論の実践の場でもある家族。ありがとう。

最後に、苦しいこと、悔しいこと、つらいこと、うれしいこと、楽しいことたくさんある。ほんと味わい深い人生を送れてる。「今を生きてるで」って、胸を張って言える両親に心をこめて。感謝。

御堂剛功

著者紹介

御堂剛功　兵庫県西宮市出身。高校卒業後バンド活動に明け暮れるが、夢半ばで音楽の道を断念し、大手企業に営業として就職。入社当初はパソコンのシャットダウンもできなかったが、入社後わずか半年で営業成績トップに。営業成績低迷店舗を立て続けに全国1位にするなど、数々の実績を上げる。その後、経営戦略・人材育成の責任者として日本最大手の化粧品グループ会社や医療法人、コンサル会社で勤務。どの会社でもめざましい功績をあげる。大学での講義、企業や学生に向けた講演など、全国各地で年200回以上の講演を行う。また、メンタルバランストレーナーとして、アスリートをはじめとする多くの人々のカウンセリングも行う。

ZerO《ゼロ》理論《りろん》　人生《じんせい》の問題《もんだい》をすべて解決《かいけつ》する奇跡《きせき》の方式《ほうしき》

2023年6月1日　第1刷

著　　者　御《み》堂《どう》剛《たけ》功《のり》

発行者　小澤源太郎

責任編集　株式会社　プライム涌光
電話　編集部　03(3203)2850

発行所　株式会社　青春出版社
東京都新宿区若松町12番1号 〒162-0056
振替番号　00190-7-98602
電話　営業部　03(3207)1916

印　刷　中央精版印刷　　製　本　大口製本

万一、落丁、乱丁がありました節は、お取りかえします。

ISBN978-4-413-23304-0 C0030

© Takenori Mido 2023 Printed in Japan

本書の内容の一部あるいは全部を無断で複写(コピー)することは著作権法上認められている場合を除き、禁じられています。

ベスト・オブ・平成ドラマ！
TVドラマをもっと楽しく観る方法
小林久乃

奇跡を、生きている
慢性疲労症候群になってわかった大事なこと
横山小寿々

1秒で攻略
英語の落とし穴大全《たいぜん》
「話す」×「書く」はこの一冊
佐藤誠司　小池直己

日本初のバストアップ鍼灸師の
「胸《バスト》」からきれいに変わる
自律神経セラピー
正木民子

プロスポーツトレーナーが教える
背骨を整えれば体は動く！
ラクになる！
木村雅浩

青春出版社の四六判シリーズ

いぬからのお願い
わたしたち、こんな言葉を待ってます
中川恵美子

古代日本の歩き方
その謎を解明する！
瀧音能之

駒澤大学陸上競技部から世界へ羽ばたく
必ずできる、もっとできる。
大八木弘明

子どもの一生を決める
「心」の育て方
心の発達がわかれば、自律する子に変わる
山下エミリ

会議、プレゼン、企画書、メモ…
どんどん仕事がはかどる
「棒人間」活用法
河尻光晴

お願い　ページわりの関係からここでは一部の既刊本しか掲載してありません。
折り込みの出版案内もご参考にご覧ください。